JN437664

몽골어2

МОНГОЛ ХЭЛ 2

몽골어 2

OTGONTSETSEG DAMDINSUREN
Дамдинсүрэнгийн Отгонцэцэг

HU:iNE

| 일러두기 |

"몽골어2" 교재는 대학교에서 몽골어를 배우는 한국 학생들을 위한 초급교과서이며 "몽골어1"에 이은 두 번째 교재이다. 이 교재는 총 15과로 이루어져 있으며 각 과별 대화, 새 단어, 문법, 읽기, 연습문제로 구성되어있다.

각 과는 대화 내용으로 시작되고, 대화 내용은 해당 과에서 배울 문법이 포함되어 있으며, 문법 사용에 있어 몽골인들의 일상적인 회화에서 자주 사용되는 표현을 예로서 보여 준다.

대화 내용 다음 순서는 해당 과에서 새로 배우는 단어와 표현을 한국어로 번역하여 배치하여 사전을 찾아보는 시간을 줄여 주는 장점이 있다. 본 교재는 총 370개가 넘는 단어를 포함했다.

문법 부문에는 해당과에 배울 문법을 의미론적으로 설명하여 예문을 몽골어와 한국어로 각각 해석했으며 본 교재의 문법 설명은 현대 언어학의 용어를 적극적으로 사용하지 않았다. 본 교재는 몽골어의 품사, 명사, 형용사, 수사, 대명사, 동사, 동태의 형태와 의미와 역할을 각각 소개하고, 설명하였다. 문법을 한국인의 사고방식 특성과 한국어의 의미론적 바탕으로 이해하기 쉽게 설명했으며 이를 예문으로서 보충했다.

읽기 부문은 모든 과목에 있어 "텍스트를 읽으세요" 제목으로 해당 과에서 배운 문법의 사용과 새 단어를 익히고 복습할 목적으로 만들었다.

각 과의 마지막 부분에 해당 과목에서 새로 배운 문법을 일상 회화에서 올바르게 사용할 수 있도록 복습하는 것을 목적으로 하며 해당 과의 문법의 이해도를 확인하고 복습할 수 있는 '연습문제'가 있다. 학습자는 '연습문제'를 여러 가지로 형태로 대답하여 완성할 수 있다. 그러나 교과서의 '연습문제' 답에서 예시로 한 가지 형태를 제시하였다.

교재의 끝 부분에 '연습문제'의 답을 확인할 수 있는 '연습문제 답' 부분에서 확인하기 전에 해당 "문법"을 다시 한 번 읽어보도록 하는 것이 문법을 익히는 데 도움이 될 것으로 생각된다. 또한 올바른 몽골어 발음을 위하여 몽골인의 목소리를 녹음해 MP3 파일로 첨부하였다.

교재의 뒤에 총 15과에서 배운 새 단어와 표현을 모아 미니 사전을 만들었으며 몽골어 학습자의 어휘력을 강화하는 데 도움을 주고자 함이다.

이번 교재는 몽골어 학습자의 몽골어 문법의 사용을 구어체와 문어체에서도 활발하게 사용할 수 있도록 배려했으며 새 단어를 외우고 사용함에 있어 몽골어를 보다 심층적으로 학습할 수 있도록 노력했으며 그 결실을 볼 수 있기를 기원한다.

몽골어를 배우고자 하는 학습자들의 열의에 작은 도움이 되기를!

2014년 8월

저자

| Номын танилцуулга |

“Монгол хэл 2” нь Их дээд сургуульд монгол хэл сурч байгаа байгаа солонгос оюутнуудад зориулсан анхан шатны сурах бичиг “Монгол хэл 1” -ийн үргэлжлэл хоёрдугаар ном юм. Энэ ном 15 хичээлтэй бөгөөд хичээл бүр харилцаа яриа, шинэ үг, хэлзүй дүрэм, унших эх, дасгал ажил гэсэн бүтэцтэй.

Хичээл бүрийн эхэнд байгаа харилцаа ярианд тухайн хичээлээр сурах хэлзүйн дүрэм орсон бөгөөд уг дүрмийн хэрэглээг монгол хүний өдөр тутмын энгийн яриагаар жишээлж үзүүлсэн юм.

Харилцаа ярианы дараа тухайн хичээлд орсон шинэ үг хэллэгийг солонгосоор орчуулж өгсөн нь суралцагч оюутны цагийг хэмнэх давуу талтай болсон. Энэ сурах бичиг нийт 370 орчим үгтэй.

Хичээлүүдийн дүрмийн хэсэгт тухайн хичээлд үзэх дүрмийг утгазүйн үүднээс тайлбарлаж жишээг монгол болон солонгос хэлээр өгсөн бөгөөд сурах бичигт дүрмийн тайлбарыг хийхдээ орчин үеийн хэлшинжлэлийн нэр томьёог тэр бүр хэрэглээгүй болно. Энэ сурах бичигт монгол хэлний гол ба гол бус үгсийн аймаг, жинхэнэ нэр, тэмдэг нэр, тооны нэр, төлөөний нэр, орон цагийн нэр, үйл үг, үйл үгийн хэвийн нөхцөлүүдийн утга үүргийг тайлбарласан. Хэлзүйг солонгос хүний сэтгэлгээний онцлог, солонгос хэлний ерөнхий зүй тогтолтой уялдуулан энгийн хялбар аргаар тайлбарласнаас гадна хангалттай жишээгээр баяжуулан өгсөн.

Унших дасгалыг хичээл бүрт "Унших эх" гэсэн нэртэйгээр тухайн хичээлд үзсэн дүрмийн хэрэглээ, шинэ үгийг бататган давтах зорилгоор оруулсан.

Хичээл бүрийн төгсгөлд тухайн хичээл дээр шинээр үзсэн дүрмийг өдөр тутмын энгийн хэрэглээнд зөв хэрэглэж сурах чадвар дадал эзэмшүүлэхэд чиглэсэн мөн тухайн хичээлээр үзсэн хэлзүйн асуудлыг хэрхэн зөв ойлгосныг шалган үзэх "Дасгал ажил" гэсэн хэсэг буй. Дасгалыг ихэвчлэн олон хувилбартай хийж болохоор байгаа. Харин дасгалын хариу дээр зөвхөн нэг хувилбарыг жишээ болгон уг номонд оруулсан. Суралцагч аль ч хувилбараар хариулж болно гэдгийг анхааруулъя. Дасгалыг хийхдээ эргэлзвэл сурах бичгийн эцэст буй "Дасгалын хариу"-г үзэхээсээ өмнө холбогдох "Хэлзүй"-г дахин анхааралтай уншиж үзэхийг энэ дашрамд зөвлөе. Сурах бичгийн төгсгөлд уг 15 хичээлийн шинэ үг хэллэгийн бяцхан толь хийсэн нь суралцагч оюутны үгсийн санг баяжуулахад чиглэсэн юм. Мөн суралцагчдын монгол хэлний зөв дуудлаганд нь анхаарч харилцан яриа ба унших эхийг MP3 файлаар бичиж хавсаргасан болно.

Та энэ номыг судалж үзсэнээр монгол хэлний хэлзүйн дүрмийг ярих, бичихдээ зөв хэрэглэж сурах төдийгүй олон шинэ үг хэллэгийг эзэмшиж, цаашид монгол хэлийг гүнзгийрүүлэн сурахад танъ энэ ном ямар нэг хэмжээгээр тус нэмэр болно гэж найдаж байна.

Монгол хэл сурья гэсэн хүн бүхний хүсэл нь хялбар биелэхийг ерөөе !

| 차례 |

НЭГДҮГЭЭР ХИЧЭЭЛ

Энэ зуны амралтаа юу хийж өнгөрөөсөн бэ?

Магнай: Сайн байна уу?

Сарнай: Сайн. Чи сайн уу?

Магнай: Сайн. Чи энэ зун сайхан амарсан уу?

Сарнай: Би энэ зун Булган аймагт өвөөгийндөө очиж сайхан амарсан.

Магнай: Танай өвөөгийнх аймгийн төвд байдаг уу?

Сарнай: Үгүй ээ. Манай өвөөгийнх сумын төвд байдаг.

Магнай: Чи тэгвэл сумын төвийн олон найзтай болсон уу?

Сарнай: Тэгсэн. Сүрэн, Энхээ хоёртой бүр илүү дотно найз болсон.

Магнай: Танай өвөөгийнх мал малладаг уу?

Сарнай: Цөөн тооны адуу, үхэр, хоньтой. Харин чи энэ зун хаана амарсан бэ?

Магнай: Би Япон, Солонгос, Хятад руу аяллаар явж амарсан.

Сарнай: Өө тийм үү! Чи их сайхан амарчээ.

Шинэ үг

амрах	방학을 보내다	очих	가다, 도착하다
аймаг	아이막	аймгийн төв	시
сумын төв	도	илүү	더
дотно	친한	мал	가축
цөөн	적다	адуу	말
үхэр	소	илэрхийлэх	표현하다
өгүүлбэр	문장	хувилах	복사하다
ерөнхий	총, 일반	үзэгдэл	현상
тохиолдох	발생하다, 생기다	орох	들어가다
хөдлөх	움직이다	арилгах	지우다
төгсгөл	종료, 말	уран зохиол	문학
хэлбэр дүрс	형태	өнгө зүс	생김새
амт чанар	맛과 품질	хавтас	표지
удирдах	지휘하다	орон байр	숙소
уржнан	재작년	дэргэд	옆에
үргэлж	늘, 항상	шүхэр	우산
амьдрах	살다	зугаалах	산책하다, 놀러 가다
авирах	올라가다	тав тух	편안하다

Дүрэм

몽골어의 모든 단어를 단어의 뜻과 문장에서의 역할 기능, 형태 등으로 일반적으로 분류하며 이를 품사라고 한다. 몽골어의 어휘를 주품사와 일반 품사라고 크게 두 가지로 나눠 볼 수 있다.

몽골어의 주품사에는 명사, 동사, 형용사, 수사, 대명사, 시공간의 품사들이 있다.

1. Нэр үгийн аймаг 명사

사람과 사물, 현상 등을 칭하여 가리키는 단어들을 명사라고 한다. 명사는 –хэн?, юу? 라는 질문에 답할 수 있는 형식이다.

Жишээ нь:

Миний найзыг **Дармаа** гэдэг.
나의 친구를 다르마라고 부른다.

Манай **багш**ийг **Санаа** гэдэг.
우리 선생님은 사나 선생님이다.

Миний найзынх **нохой** тэжээдэг.
나의 친구네는 개를 키운다.

Манай гэрийн **цонх** их том.
우리 집 창문이 아주 크다.

Гадаа **цас** ороод их уйтгартай байна.
밖에 눈이 와서 많이 심란하다.

2. Үйл үгийн аймаг 동사

사람과 사물, 현상 등의 동작을 가리키는 단어들을 동사라고 한다. 동사는 주품사, 일반동사, 파생동사 등으로 나뉜다. 동사는 주로 -яав?, -яаж байна?, -яадаг?, -яасан? 등 질문에 답할 수 있는 형식이다. 동사는 주로 문장 맨 끝에 오는 것이 특징이다.

Жишээ нь:

Манай аав одоо хөдөө **явaa**.

우리 아버지께서 지금 시골에 계실 것이다.

Миний дүү өнөөдөр гэрийн даалгавраа сайн **хийсэн**.

나의 동생이 오늘 숙제를 잘했다.

Ээж эгч хоёр жүжиг үзэж **байгаа**.

어머니가 누나와 함께 영화를 보고 있다.

Багш одоо монгол хэлний хичээл **зааж байна**.

선생님이 지금 몽골어 수업을 가르치고 있다.

Оюутнууд монгол хэлээр уран зохиолын ном **уншив**.

학생들이 몽골어로 문학책을 읽었다.

3. Тэмдэг нэрийн аймаг 관형사/형용사

사람과 사물, 현상의 성질, 색상, 형상, 맛 등을 가리키는 단어 들을 관형사라고 한다. 관형사의 단어들은 주로 -ямар? 라는 질문에 답할 수 있는 형식이다.

Жишээ нь:

Миний найз **улаан** хавтастай ном уншиж байна.

나의 친구는 빨간 표지의 책을 읽고 있다.

Ээж өнөөдөр **ногоон** жимс их авчирсан.

어머니가 오늘 초록색 과일 많이 가지고 오셨다.

Манай аавын цүнх **их үнэтэй**.

우리 아버지의 가방은 아주 비싸다.

Эгчийн хийсэн хоол **их шорвог** болжээ.

누나가 만든 음식이 많이 짰다.

Манай ангийнхан монголоор **хурдан** уншдаг.

우리 반 학생들이 몽골어로 빠르게 읽는다.

4. Тооны нэрийн аймаг 수사

사람과 사물의 분량과 수, 나열을 가리키는 단어들을 수사라고 한다.

수사는 주로 -хэд?, -хэдэн?, -хэддүгээр?, -хичнээн? 등 질문에 답할 수 있는 형식이다.

Жишээ нь:

Манай анги **24** оюутантай.

우리 반에 24명의 학생이 있다.

Монгол улс **цөөн** хүн амтай.

몽골의 인구수가 적다.

Маргааш бид **гурвуулаа** зугаална.

내일 우리 셋이서 놀러 간다.

Миний найз **хорь орчим** настай.

나의 친구는 이십대이다.

Манай сургуулийн оюутнуудын **хоёрны** нэг нь англи хэлээр ярьдаг.

우리 학교 학생들의 이 분의 일이 영어로 말할 줄 안다.

5. Төлөөний үгийн аймаг 대명사

사람과 사물, 현상의 성질과 색상, 형태, 맛, 품질, 수, 동작, 공간 시간 혹은 기간 등을 직접 지칭하지 않고 대체하여 가리키는 단어들을 품사를 대명사라고 한다.

대명사는 명사, 동사, 형용사, 수사, 시공간 품사를 대신한다. 몽골어에는 인칭대명사, 지시대명사, 의문대명사 등 몇 가지의 대명사가 있다. 대명사는 명사, 동사, 형용사, 수사, 시공간품사는 일반적인 질문 모두에게 답할 수 있는 형식이다.

Жишээ нь:

Миний аав олон номтой хүнд цүнх барьдаг.

나의 아버지가 책이 많이 든 무거운 가방을 든다.

Чиний ахыг том компани удирддаг гэж сонссон.

너의 형이 큰 회사를 운영한다고 들었다.

Та **эдгээр** зүйлийг сайн цэвэрлээрэй.

당신은 이것들을 잘 청소 하세요.

Найз минь **нөгөө** номоо авчирахаа мартав аа!

친구야 그 책을 가지고 오는 것을 잊지 마라!

Гадаад Судлалын Их Сургууль руу **хаагуур** явах вэ?

외국어 대학교는 어디로 가야 합니까?

6. Орон цагийн нэрийн аймаг

시공간의 품사

사람과 사물 현상의 동작, 위치, 기간 등을 가리키는 단어들이 있다. 이 분류의 경우 주로 -хаана?, -хаашаа?, -хэзээ? 질문에 답할 수 있는 형식을 가진다.

Жишээ нь:

Миний цүнхэн **дотор** олон шинэ ном байгаа.

나의 가방 안에 여러 권의 새 책이 들어 있다.

Манай аав **маргааш** гадаад руу явна.

우리 아버지가 내일 외국으로 간다.

Уржнан зун би хөдөө явж сайхан амарсан.

재작년 여름에 나는 시골에 가서 즐거운 방학을 보냈다.

Манай сургуулийн **дэргэд** олон их сургууль байдаг.

우리 학교 옆에 여러 대학교들이 있다.

Бид **үргэлж** шинэ ном уншиж, хичээлээ давтдаг.

우리는 늘 새로운 책을 읽고, 배운 것을 복습한다.

Эхийг уншаарай

Гадаа хүйтэн байгаа тул анги ч бас хүйтэн байна. Намар болсон боловч ойрд овоо дулаахан байгаад байсан юмсан. Өнөөдөр л гэнэт хүйтэрлээ дээ. Дулаан өвөлжихийн тулд намар гэр орноо сайн дулаалах нь чухал. Өнөөдөр хүйтэрсэн тухай найздаа захиандаа бичнэ ээ. Манай найзын байгаа газар маш халуун байгаа гэсэн. Тэр зөвхөн хичээлдээ явахдаа л гэрээсээ гардаг, бусад үед сэнс тавиад л гэртээ хичээлээ хийдэг гэж бичсэн байсан. Тэр лав миний захиаг уншаад нутгийнхаа намрыг санах байх даа.

Дасгал ажил

Дасгал 1

Дараах үйл үгийн өмнө тохирох нэр үгийг нөхөж бичээрэй.

1. явах
2. ирэх
3. суух
4. идэх
5. үзэх
6. сонсох

Дасгал 2

Дараах нэр үгийн дараа тохирох үйл үгийг олж бичээрэй.

1. цас
2. дугуй
3. шүхэр
4. цай
5. ус
6. дуу

Дасгал 3

Дараах нэр үгийн өмнө тохирох тэмдэг нэрийг нөхөж бичээрэй.

1. ______ ном
2. ______ үзэг
3. ______ цас
4. ______ тэнгэр
5. ______ хоол
6. ______ сэтгэл

Дасгал 4

Цэгийн оронд хаалтан дахь тоог тохирох хэлбэрт бичиж, өгүүлбэрүүдийг уншаарай.

1. Би гэртээ ______ (5) амьдардаг.
2. Маргааш бид ______ (7) зугаална.
3. Өнөөдөр бид ______ (4) цагийн хичээлтэй.
4. Миний дүү ______ (3) ангид сурдаг.
5. Манай нохой ______ (15) килограмм жинтэй.
6. Тэр машин ______ (4)дугуйтай.

Дасгал 5

Цэгийн оронд “энэ, аль, хаагуур, нөгөө, бид, тэд” гэсэн төлөөний үгсээс тохирох үгийг нөхөж өгүүлбэрүүдийг гүйцээж бичээд, уншаарай.

1. Чи маргааш зүйлийг аваад ирээрэй.
2. одоогоор их завгүй байна.
3. Америкт амьдардаг.
4. автобус нь Сөүл хот руу явах вэ?
5. Энэ уул өөд авирвал амар бол оо?
6. Та надад сурах бичгээ түр өгөөч.

Дасгал 6

Дараах асуултанд орон цагийн нэрийг ашиглан зөв хариулж бичээрэй.

1. Та Улаанбаатараас хэзээ ирсэн бэ?
 -
2. Чи өглөө хэзээн цагт босдог вэ?
 -
3. Чи маргааш хэзээн цагт ирэх вэ?
 -
4. Чи хаагуур зугаалаад ирэв?
 -

5. Багшийн ширээн дээр юу байна вэ?

-

6. Чиний цүнхэнд юу байна вэ?

-

тэмдэглэл

ХОЁРДУГААР ХИЧЭЭЛ

Өнөөдөр бол Болдын төрсөн өдөр.

Магнай: Өнөөдөр манай ангийн Болдын төрсөн өдөр биз дээ?

Сарнай: Тийм ээ. Өнөөдөр бол Болдын төрсөн өдөр.

Магнай: Тийм болохоор түүнд баяр хүргэж бэлэг өгөх хэрэгтэй байна.

Сарнай: Би түүнтэй цагийн өмнө уулзаад баяр хүргэсэн. Мөн бэлдэж ирсэн бэлгээ өгчихсөн.

Магнай: Өө тийм үү? Би орой л уулзахаас даа.

Сарнай: Болд орой гэр бүлийнхэнтэйгээ хоол иднэ гэж байна лээ шүү!

Магнай: Тийм бол одоо л уулзах хэрэгтэй юм байна.

Сарнай: Гэхдээ тэр өмнөх цаг дээр хичээлдээ суусан боловч саяын цаг дээр суугаагүй.

Магнай: Яасан юм болоо? Утас руу нь залгахаас даа.

Сарнай: Түүний толгой нь өвдөөд байна гэж байсан. Бодвол эмчид үзүүлэхээр явсан байх.

Магнай: Аа за. Тийм болохоор жаахан байзнаж байгаад эсвэл үдээс хойш л холбоо барьж уулзахаас.

Сарнай: Тэгсэн нь дээр байх аа.

Шинэ үг

бэлдэх	준비하다	залгах	연결하다, 걸다
холбох үг	접속사	чимэх үг	수식어
өнжих	하루 종일 지내다	сонгино	양파
хол	멀다	уран	손재주가 좋은
ойр	가깝다	ухаарал	깨달음
хандах	취급하다	өгүүлэгч	화자
хандлага	경향	өр	빚
дагах	따르다	модон туулай жил	묘년
залбирах	기도하다	хууртах	속다
сэтгэлийн тэнхээ	굳은 심지	баярлуулах	기쁘게 하다
хэрүүл	말싸움	амны уншлага	입버릇처럼 말하다
халтиргаа	미끄러움	дамжуулах	전달하다
булаалдах	싸우다, 말다툼하다, 논하다	аюултай	위험하다
гэр орон	집	сэнс	선풍기

Дүрэм

몽골어의 모든 단어를 단어의 뜻과 문장에서의 역할 기능, 형태 등으로 일반적으로 분류하며 이를 품사라고 한다. 몽골어의 품사에서 어떤 의미를 나타내거나 형성할 수 없지만 문장을 연결하거나 수식을 할 수 있는 일부 단어들이 있는데 이를 일반 품사라고 한다. 또는 보조 용어의 품사라고 하기도 한다. 여기에 관계언과 수식언이 포함된다.

1. Холбох үг 관계언

단어나 문장들을 서로 연결하는 역할을 하는 보조어들을 관계언 이라고 한다. 예를들면: бол, болон, боловч, нэг бол, эсвэл, ба, бөгөөд, хэрэв, тулд, төдий, төдийгүй, тухай, сацуу, төлөө, шиг 등이 있다. 그러나 ба는 구어체에서는 널리 사용되는 표현은 아니다.

Жишээ нь:

Нэг. Би **бол** Солонгосын Гадаад Судлалын Их Сургуулийн оюутан.

나는 한국외국어대학교 학생이다.

Чи **нэг бол** өнөөдөр хичээлдээ явалгүй гэртээ өнжөөрэй.

너 될 수 있으면 오늘 학교 가지 말고 집에서 하루 종일 있어라.

Энэ **сацуу** утсаар яриад аваарай.

이참에 전화를 해봐라.

Болор **ба** Ким өнөөдөр гадаад руу явж байгаа.

벌러르와 김이 오늘 외국으로 간다.

Дорж **болон** Сүрэнг утсаар дуудах хэрэгтэй байна.

더르즈와 수룽을 전화로 불러야 한다.

Хоёр. Сайхан амьдрахын **тулд** их эрдэм сурах хэрэгтэй.

잘 살기 위해서 공부를 많이 해야 한다.

Аав гадаадаас ирсэн **боловч** ажил руугаа явчихсан.

아버지가 외국에서 돌아왔지만 일하러 가셨다.

Чи хичээлээ давт **эсвэл** гадаа гарч тогло.

너 공부하든지 아니면 밖에 나가서 놀아.

Ах их сургуульд орохын **төлөө** хичээлээ сайн давтаж байгаа.

형이 대학교에 가기 위해 공부를 많이 하고 있다.

Дэлгүүрээс чихэр, талх **төдийгүй** сонгино, давс авах хэрэгтэй.

가게에서 사탕, 빵뿐만 아니라 양파와 소금을 사야 한다.

Гурав. Чи хичээлээ хийсэн **бол** Болд **болоод** Доржийг дагуулаад ирээрэй.

너 공부 다 했으면 벌드와 더르즈를 데리고 와라.

Ах хөдөөнөөс ирсэн **боловч** одоогоор өвөө эмээтэй тоглож байна.

형이 시골에서 왔지만, 지금은 할아버지와 할머니랑 놀고 있다.

Аав ээж хоёр ажилдаа явсан **боловч** тэд өнөөдөр эрт ирнэ гэсэн.

아버지와 어머니는 출근했지만, 그들은 오늘 일찍 온다고 했다.

Эрт **ба** одоо, хол **ба** ойрыг бодох тусам хүн ухаарал нэмдэг.

과거와 현재, 먼일과 최근 일을 생각할수록 사람은 깨달음이 는다.

Би "Хүн **ба** араатан" гэдэг сонирхолтой ном уншсан.

나는 "사람과 짐승"이라는 재미있는 책을 읽었다.

2. Чимэх үг 수식언

말하고자 하는 내용을 대하는 화자의 여러 의향을 강조하는 등으로 표현하는 역할을 하는 단어들을 수식언이라고 한다. 말을 수식하거나 한정하기 위하여 첨가하는 문장 성분. 활용하지 않으며, 관형사와 부사가 있다. 예를들면: уу, үү, юу, юү, бэ, вэ, шүү, даа, бүү, битгий, үл, эс, даг, дэг, л, ч, мөн, биз, нэн, маш, хэрэгтэй, бололтой, зөвхөн, бас, үнэхээр, мэдээж, лав, магад, ёстой, зайлшгүй, гарцаагүй, тун 등이다.

Жишээ нь:

Нэг. Би **ч** өнөөдөр ажил ихтэй.

나도 오늘 일이 많다.

Чи өнөөдөр кино **битгий** үзээрэй.

너 오늘 영화 보지 마라.

Аав өнөөдөр **үл** ирэх байх.

아버지가 오늘 오지 않을 것이다.

Чи орой заавал ирнэ **шүү**!

너 저녁에 꼭 와야 한다!

Өнөөдөр **ёстой** сайхан өдөр байна.

오늘 정말 날이 좋다.

Хоёр. Сайн байна **уу**?

안녕하세요?

Сайн. Та сайн байна **уу**?

네. 잘 지내십니까?

Сайн. Чи сайн сууж байв **уу**?

응. 너 잘 있었니?

Сайн сууж байлаа. Та сайн явж ирэв **үү**?

네 잘 있었어요. 당신은 잘 다녀왔어요?

Сайн явж ирлээ. Танайхан хаачаа **вэ**?

잘 다녀왔다. 너희 집 식구들이 어디에 갔니?

Манайхан ажилдаа явсан.

우리 식구들이 출근했어요.

Гурав. Сайн уу? Эрдэнэтэй ярьж болох **уу**?

안녕? 에르덴과 통화할 수 있을까요?

Сайн. Уучлаарай, одоогоор Эрдэнэ гэртээ байхгүй байна **шүү дээ**?

잘 지낸다. 미안하지만 에르덴 지금 집에 없는데?

Эрдэнэ хаашаа гараа **вэ**?

에르덴 어디 나갔어요?

Тэр **лав** гадаа тоглохоор гарсан байх **шүү**. Түүнийг дуудах **уу**?

그는 아마도 밖에 놀러 나갔을 것인데. 그를 불러줄까?

Баярлалаа. **Битгий** дууд **аа**. Би дараа залгая. Түр баяртай.

감사합니다. 부르지 마세요. 다음에 제가 걸게요. 안녕히 계세요.

Баяртай, хүү **минь**.

알았다, 얘야. 안녕.

Эхийг уншаарай

Гадаа хүйтэн байгаа тул анги ч бас хүйтэн байна. Намар болсон боловч ойрд овоо дулаахан байгаад байсан юмсан. Өнөөдөр л гэнэт хүйтэрлээ дээ. Дулаан өвөлжихийн тулд намар гэр орноо сайн дулаалах нь чухал. Өнөөдөр хүйтэрсэн тухай найздаа захиандаа бичнэ ээ. Манай найзын байгаа газар маш халуун байгаа гэсэн. Тэр зөвхөн хичээлдээ явахдаа л гэрээсээ гардаг, бусад үед сэнс тавиад л гэртээ хичээлээ хийдэг гэж бичсэн байсан. Тэр лав миний захиаг уншаад нутгийнхаа намрыг санах байх даа.

Дасгал ажил

Дасгал 1

Цэгийн оронд “боловч, төлөө, бол, тулд” гэсэн холбох үгсээс тохирох үгийг нөхөж бичээд өгүүлбэрүүдийг уншаарай.

1. Энэ жил ______ модон туулай жил
2. Багш ирсэн ______ хичээлээ заасангүй.
3. Одоо түүний ______ сайн залбирах хэрэгтэй.
4. Энэ ______ түүнд битгий хэлээрэй.
5. Тэр ном эрдэм сураагүй ______ их ухаантай хүн.
6. Чи үүнийг хийхийн ______ эхлээд сайн болох хэрэгтэй.

Дасгал 2

Дараах өгүүлбэрүүдийг уншаад холбох үгийг олоорой.

1. Тэднийг ирэх бүрт би их баярладаг.
2. Тэр энэ удаа бүр их сэтгэлийн тэнхээтэй байна.
3. Бидний сайн сайхны төлөө ажиллаж байгаа аав ээжийгээ үргэлж баярлуулж байх ёстой.
4. Хэрүүл хийнэ гэвэл манайд битгий ирээрэй.

5. Өөртөө тустай үгсийг амны уншлага мэт санаж бай!
6. Би хичээлээ хийсэн. Харин одоо амарч байна.

Дасгал 3

Дараах өгүүлбэр дэх зөв холбох үгийг олоорой.

1. Бат хичээлээ хийсэн боловч/төлөө хоолоо идээгүй байна.
2. Аав хөдөөнөөс ирсэн тулд/боловч одоо унтаж байна.
3. Бат төлөө/ба Дандар өнөөдөр манайд ирнэ гэсэн.
4. Манай ангийнхан тантай уулзахын тулд/боловч хичээлээ эрт дуусгасан.
5. Гадаа цас орсны болон/улмаас халтиргаа ихтэй болжээ.
6. Хэзээ нэг цагт энэ тухай/нэг бол заавал сонсоно шүү дээ.

Дасгал 4

Дараах харилцаа яриаг чимэх үгээр зөв нөхөж бичээрэй.

1. Сүрэн гэртээ байна ? Байхгүй ?
2. Тэр гэртээ байхгүй байна. Түүнд ямар нэг зүйл дамжуулж хэлэх ?

3. Тэр хаашаа явсан юм ________ ? Та мэдсэн ________ ?

4. Мэдэхгүй ________ . Тэр 1 цагийн өмнө гараад ________ явсан.

5. Болд гэж хүн ярьсан ________ та дамжуулж өгөхгүй ________ .

6. За тэгье ________ . Түр баяртай.

Дасгал 5

Цэгийн оронд тохирох чимэх үгийг нөхөж бичээд зүйр цэцэн үгсийг уншиж, утгыг ярилцаарай.

1. Өнгөнд ________ хуурт.
   Өрөнд ________ баригд.

2. Урантай утас ________ булаалд.
   Ухаантантай үг ________ булаалд.

3. Хийвэл ________ ай!
   Айвал ________ хий.

Дасгал 6

Цэгийн оронд тохирох чимэх үгийг зөв нөхөж бичээд өгүүлбэрүүдийг уншаарай.

1. Энэ ажил надад хүнд санагдаж байна.
2. Энэ залуу хичээлдээ сайн гэж би сонссон.
3. Энэ аюултай зүйл тул хүрээрэй.
4. Чи үүнийг өнөөдөр хийж дуусгах .
5. Энэ ажил миний хийх ажил .
6. Үүнийг чи өнөөдөр хийж дуусгахгүй бололтой.

ГУРАВДУГААР ХИЧЭЭЛ

Үүнийг юу гэдэг вэ?

Сарнай: Магнай, тэнд ямар ямар амьтан байна вэ?

Магнай: Тэнд тахиа, гахай, нохой байна.

Сарнай: Аа тийм байна. Би холоос харсан болохоор гайхлаа.

Магнай: Харин тэнд яваа хэн бэ?

Сарнай: Аа тэр үү? Тэр манай ангийн Эрдэнэ багш.

Магнай: Эрдэнэ багш юу барьж явна вэ?

Сарнай: Манай багш цүнх болоод шүхэр барьж явна.

Магнай: Өнөө шөнө цас орсон болохоор гадаа агаар их сайхан байна!

Сарнай: Тийм байна. Урьд шөнө би бороо орж байна гээд зүүдлээд байсан боловч цас орсон байна. Одоо ч ер нь удахгүй бороо орох байх аа!

Магнай: Чиний зүүд бас зөнтэй байна шүү. Цас, бороонд нэг их ялгаа байхгүй дээ.

Сарнай: Тийм нь ч тийм. Гэхдээ дулаарч, бороо орвол шинэ ногоо ургана гэж бодохоор надад их сайхан санагдаж байна.

Магнай: Тийм ээ. Одоо ч цаг нэлээд явчихлаа. Удахгүй хаврын анхны бороо орох байх.

Шинэ үг

гайхах	놀라다	ялгаа	차이
өнөө шөнө	오늘 밤	урьд шөнө	지난밤
ургах	자라다	дарга	관리직
мэдлэг	지식	боловсрол	교육
галуу	거위	өндөр нас	나이가 많은
арслан	사자	амьтан	동물
баллуур	지우개	унтраалга	스위치
театр	극장	зүүдлэх	꿈을 꾸다
цагдан сэргийлэх	경찰	сэрээ	포크
хөвөө	가장자리, 가	ажилчин	근로자, 직원
буга	사슴	галуу	거위
хөхөө	뻐꾸기	айраг	아이락, 마유주
чоно	늑대	үнэг	여우
сувилагч	간호사	цагдаа	경찰
дэглий	왜가리	зургийн дэвтэр	도화
дууны ном	음악책	хадам	시부/모, 장인/모
захирал	사장	авга	친가/부계
нагац	외가/모계	аянга	벼락, 천둥
барилдах	씨름하다	харвах	쏘다
тээвэр	운송	гүвээ	언덕
шаазгай	까치	согоо	암사슴

Дүрэм

1. Жинхэнэ нэр 명사

사람과 사물, 현상 등을 명칭 하여 가리키는 단어들을 명사라고 한다. 명사는 주로 -хэн? -юу? 라는 질문에 답할 수 있는 형식이다.

명사를 일반적으로 사람을 가리키는 명사, 동물을 가리키는 명사, 실존하는 사물을 가리키는 명사, 자연과 사회의 현상을 가리키는 명사 나눠 볼 수 있다.

또한, 명사의 의미와 역할 면에서는 일반명사와 고유명사로 구분한다.

❶ 사람을 가리키는 명사

Жишээ нь өвөө, эмээ, аав, ээж дүү, ...

❷ 동물을 가리키는 명사

Жишээ нь адуу, үхэр, нохой, галуу, ...

❸ 실존하는 사물을 가리키는 명사

Жишээ нь ном, дэвтэр, үзэг, харандаа, ...

❹ 자연과 사회의 현상을 가리키는 명사

Жишээ нь ургамал, ногоо, бороо, салхи, ...

❺ 일반명사

Жишээ нь хот, мал, шувуу, жимс, ...

❻ 고유명사

Жишээ нь Улаанбаатар, адуу, тогоруу, алим, ...

Жишээ нь:

Нэг. Миний **өвөө** өндөр настай.

나의 할아버지는 연세가 많으시다.

Миний **дүү** өглөө их унтдаг.

나의 동생은 아침잠이 많다.

Манай **ээж** ойрдоо **ажил** ихтэй байна.

우리 어머니께서 요즘 일이 바쁘시다.

Манай **анги**йн **Болд хичээл**дээ их сайн.

우리 반 벌드가 공부를 잘한다.

Манай **эмээ ном** их уншдаг.

우리 할머니께서 책을 많이 읽으신다.

Хоёр. Тэр **морь** их хурдан.

그 말이 아주 빠르다.

Энэ **тэмээ** их номхон.

이 낙타가 얌전하다.

Арслан их хүчтэй.

사자가 힘이 많이 세다.

Намар болохоор **амьтад** ичээндээ ордог.

가을이 되면 동물들이 동면에 들어간다.

Хавар болохоор **усны шувуу** олноороо ирдэг.

봄이 되면 물새들이 많이 온다.

Гурав. Миний **цүнхэнд ном**, **дэвтэр**, **үзэг**, **харандаа**, **баллуур**, **захиа** байна.

나의 가방에 책, 공책, 펜, 연필, 지우개, 편지가 있다.

Манай **ангид самбар**, **ширээ**, **сандал**, **цонх**, **гэрэл**, **унтраалга** байдаг.

우리 교실에 칠판, 책상, 의자, 창문, 등, 스위치가 있다.

Аавын ажил дээр **машин**, **гуанз**, **цай**, **аяга**, **дугуй** байдаг.

아버지 사무실에 자동차, 식당, 차, 컵, 자전거가 있다.

Хавар болохоор **цас** хайлж, **бороо** орж, **ногоо** ургаж, **тэнгэр** дуугардаг.

봄이 되면 눈이 녹고, 비가 오고, 풀이 나고, 천둥이 친다.

Өвөл болохоор **цас** орж, **хүйтэн** болж,
заримдаа цасан шуурга шуурдаг.

겨울이 되면 눈이 내리고, 추워지고 가끔 폭설이 내린다.

Дөрөв. **Би** шөнө бүр янз бүрийн **зүүд** зүүдэлдэг.

나는 밤마다 여러 가지 꿈을 꾼다.

Ном их уншвал **мэдлэг** сайн нэмэгддэг.

책을 많이 읽으면 지식이 많이 는다.

Би 16 настайдаа **машин** барьж сурсан.

나는 16살에 자동차를 운전하는 것을 배웠다.

Манай **дүү унадаг дугуй** сайн унадаг.

나의 동생이 자전거를 잘 탄다.

Бороо их орвол **гол мөрөн** үерлэдэг.

비가 많이 오면 하천과 강의 물이 불어난다.

Тав. Сүүлийн үед **шинжлэх ухаан** их хөгжиж байна.

최근에는 과학이 많이 발달하고 있다.

Миний **найз гэрэл зураг** сайн авдаг.

나의 친구가 사진을 잘 찍는다.

Эцэг эхийгээ сайн хайрлаж байх нь чухал.

부모를 많이 사랑하는 것이 중요하다.

Ах дүүсээрээ бид нийлээд гадаад улс руу
аялах дуртай.

우리가 형제끼리 어울려 외국으로 여행하는 것을 좋아한다.

Цагдан сэргийлэхээс түүнийг дуудаж байна.

경찰에서 그를 불렀다고 한다.

Оюутнууд ном их уншдаг.

학생들이 책을 많이 읽는다.

Мал их өсвөл **улс оронд** хэрэгтэй.

가축이 많이 늘면 국가에 도움이 된다.

Солонгост олон төрлийн **жимс** ургадаг.

한국에서 여러 종류의 과일이 난다.

Сөүл хот хурдан хөгжиж байна.

서울시가 빠르게 발전하고 있다.

Сөүл хот Хан мөрний хөвөөнд байдаг.

서울시가 한강 가에 있다.

Эхийг уншаарай

Хатан Туулын хөвөөнд Улаанбаатар хот байдаг. Улаанбаатар хотын урд талд Богдхан уул, баруун талд Сонгинохайрхан уул, хойт талд Чингэлтэй уул, зүүн талд Баянзүрх уул хүрээлэн байдаг. Хотын дундуур Гачуурт, Сэлбэ, Улиастайн гол урсдаг. Улаанбаатар хотын төв хэсэгт Сүхбаатар жанжны хөшөө бүхий том талбай бий. Тэр талбайг одоо Чингисийн талбай гэж нэрлэдэг. Чингисийн талбайн хойно Төрийн ордон сүндэрлэн байдаг. Төрийн ордны зүүн хойт талд Монгол Улсын Их Сургууль байдаг.

Дасгал ажил

Дасгал 1

Дараах жинхэнэ нэрсийг ердийн нэр, оноосон нэрээр нь ангилж бичээрэй.

малчин, ажилчин, төмс, сэрээ, туулай, амьтан, буга, жимс, мал, хонь, уул, гол, Хан мөрөн, Хатан Туул, Болд, Дархан, хот, хөдөө, үзэг, аяга, мод, цас, ном, шувуу, галуу, хөхөө, Монгол, Солонгос

А. Ерийн нэр:

Б. Оноосон нэр:

Дасгал 2

Дараах үгсийг хүн заасан, амьтан заасан, бодит юм заасан, байгаль-нийгмийн үзэгдэл заасан гэж ангилж бичээрэй.

-нохой, муур, айраг, ном, дэвтэр, цас, бороо, чоно, үнэг, цүнх, дэвтэр, аяга, сэрээ, дарга, цэрэг, эмч, сувилагч, цагдаа, хонь, ямаа, дэглий, хун, шувуу, цаас, зургийн дэвтэр, дууны ном, сэтгүүл, сонин, зүүд, шинжлэх ухаан, охин, бэр, хадам, малгай, захирал, авга, нагац, аянга, салхи, мэдлэг, ухаан, гахай, галуу, тэмээ, амьтан, мал

А. Хүн заасан:

Б. Амьтан заасан:

В. Бодит юм заасан:

Г. Байгаль-нийгмийн үзэгдэл заасан:

Дасгал 3

Цэгийн оронд тохирох нэр үгийг бичиж өгүүлбэрийг гүйцээгээрэй.

1. Хурдан уралдаж, хүчит барилдаж, мэргэн харваж байна.
2. Өнөөдөр уйтгартай байна.
3. унших нь оюутан хүний гол ажил.
4. Намар буцахаар сэтгэл уйтгартай хэцүү байдаг.
5. ирэхээр манай гэрийнхэн гадаад руу аялахаар болсон.
6. орохоор ургамал ногоо сайхан ургадаг.

Дасгал 4

Дараах үгсэд тохирох нэр үгийг олж холбоо үг үүсгээд өгүүлбэр зохиож бичээрэй.

1. ном :
2. улс :
3. уул :
4. хоол :
5. аав :
6. ах :

Дасгал 5

Нэр үгсийг тохирох тохирохоор нь холбож бичээд холбоо үг үүсгээрэй.

1. зам	а. саравч
2. жигүүртэн	б. тээвэр
3. даваа	в. шувуу
4. өвс	г. ногоо
5. нар	д. гүвээ
6. хашаа	е. сар

Дасгал 6

Дараах өгүүлбэрүүдээс жинхэнэ нэрийг олоорой.

1. Усны шувуу намар буцаж, хавар ирдэг.
2. Буга, согоо ууланд амьдардаг.
3. Гал гарвал аюултай тул болгоомжтой байх хэрэгтэй.
4. Анаашны хүзүү урт, нуруу богино, сэрвээ өндөр.
5. Богд уулын ард Улаанбаатар хот оршдог .
6. Туул голын хөвөөнд Улаанбаатар хот байдаг.

ТЭМДЭГЛЭЛ

ДӨРӨВДҮГЭЭР ХИЧЭЭЛ

Хотын төв рүү ямар автобус хамгийн хурдан хүрдэг вэ?

Сарнай: Энэ улаан автобус хаашаа явдаг вэ?

Магнай: Энэ улаан автобус хотын цэнгэлдэх хүрээлэн рүү явдаг. Чи хаашаа явах гэсэн юм бэ?

Сарнай: Би эндээс хотын төв рүү хамгийн хурдан хүрдэг автобусанд суух гэсэн юм.

Магнай: Тэгвэл чи тэр ирж яваа том шар автобусанд суугаарай. Тэр автобус эндээс хамгийн хурдан хотын төв хүрнэ.

Сарнай: За баярлалаа. Чи намайг автобусанд суулгаж өгөөч. Миний цүнх их хүнд том болохоор надад хэцүү байна.

Магнай: За. Чи цүнхэндээ юу хийчихсэн юм бэ?

Сарнай: Би цүнхэндээ дүүдээ өгөхөөр нэлээд их чихэр хийсэн юмаа.

Магнай: Дүүдээ их хайртай, бас их амттай чихэр болоод энэ холоос авсан байх даа?

Сарнай: Тиймээ, би дүүдээ их хайртай. Дүү минь энэ исгэлэн амттай чихэрт их дуртай байдаг юм. Чи нэгийг идээд үз дээ.

Магнай: Сайхан чихэр байна.

Сарнай: За, автобус ирлээ, дөхөж байх нь зөв байх аа.

Магнай: Чи эхлээд ор, би цүнхийг чинь өргөөд оруулъя.

Шинэ үг

амт	맛	хэмжээ	분량, 수량
удаан	느리다	хэлбэр дүрс	형태
шинж чанар	성질	тарган	살찐
өтгөн	고소한	зунгааралдах	걸쭉하다
нимгэн	얇다	буурах	저하
саруул	밝다, 넓다	давчуу	좁다
тав тухтай	편안한	эрчимжих	활성화
манан	안개	харьцуулах	비교하다
тойрог	동그란	хавтгай	넓적하다, 판
гашуун	쓰다	чихэрлэг	달다
овжин	꾀가 많은, 재치있는	зальжин	꾀가 많다
амгалан	평안한	дөлгөөн	고요, 잔잔한
бор	갈색	өрөвгөр	삐죽삐죽
өмхий	악취, 썩은, 냄새나는	заал	체육관
нялуун	달콤한	гавшгай	민첩, 신속, 돌격
түргэн	빠른	буурал	백발, 회색
цэцэн	총명, 현명	тэнэг	바보, 멍청이

1. Тэмдэг нэр 형용사

사람과 사물, 현상의 성질, 색상, 형상, 맛 등을 가리키는 단어 들을 형용사라고 한다. 형용사 품사의 단어들은 주로 -ямар? 라는 질문에 답할 수 있는 형식이다. 예를 들면: сайн, муу, сайхан, муухай, улаан, цагаан, өндөр, нам, амттай, амтгүй, хурдан, удаан, их, бага, том жижиг 등이다. 형용사를 색상, 맛, 분량과 수량, 동작, 형상, 성질을 가리키는 등으로 일반적으로 분류할 수 있다.

❶ 색상을 가리키는

Жишээ нь цагаан, хар, улаан, ягаан, ...

❷ 맛과 관련된

Жишээ нь амттай, шорвог, чихэрлэг, ...

❸ 분량과 수량을 가리키는

Жишээ нь их, бага, өндөр, нам, том, ...

❹ 동작을 가리키는

Жишээ нь хурдан, удаан, тайван, ...

❺ 형상을 가리키는

Жишээ нь зузаан, нимгэн, тойрог, ...

❻ 성질을 가리키는

Жишээ нь сайн, муу, шуналтай, ...

Жишээ нь:

Нэг. Миний аав **том** биетэй.

나의 아버지는 덩치가 크다.

Манай дүү энэ жил **өндөр** болж байна.

우리 동생은 올해 키가 크고 있다.

Миний ээж **туранхай, өндөр** биетэй.

나의 어머니는 늘씬한 몸매를 가지셨다. / 가졌다.

Манай өвөө **тарган, намхан** биетэй.

우리 할아버지는 살집이 있으시고 키가 작으시다.

Манай эмээ **дунд зэргийн нуруутай** бас **тарган** ч биш **туранхай** ч биш.

우리 할머니는 중간 키에 또 살이 찌지도 마르시지도 않았다.

Хоёр. Ээжийн хийсэн хоол **амттай** байдаг.

어머니께서 만드신 음식은 맛있다.

Эгчийн хийсэн хоол **заримдаа шорвог** болдог.

누나/언니가 만든 음식은 가끔 짜다.

Эмээгийн чанасан цай **их өтгөн** байдаг.

할머니께서 끓으신 차는 매우 진하다.

Дүүгийн хоол **зунгааралдсан өтгөн** ч **амттай**.

동생의 음식이 걸쭉하지만, 맛이 있다.

Миний хийсэн хоол нэг л **амтгүй** болоод байдаг.

내가 만든 음식은 아무리 해도 맛없게 된다.

Гурав. Манай хичээлийн номнууд **зузаан**, **том**.

우리가 공부하는 책들이 두껍고 크다.

Миний дүүгийн сурах бичгүүд **нимгэн**, **хөнгөн**.

내 동생의 교과서는 얇고 가볍다.

Аавын машин хар өнгөтэй, дотроо **саруулхан**.

아버지의 자동차가 까만색이고, 안이 넓다.

Ээжийн машин **цагаан** өнгөтэй, дотроо **давчуухан**.

어머니의 자동차가 흰색이고, 안이 좁다.

Өвөөгийн байшин **саарал** өнгөтэй, дотроо **тав тухтай**.

할아버지의 집은 회색이고, 안이 안락하다.

보조 문법

형용사의 의미를 강조 혹은 약화할 수 있다. 이는 형용사의 뜻을 원급, 강세, 약세라고 분류할 수 있다.

-ерийн утга원급

-эрчимжүүлсэн утга 강세

-бууруулсан утга 약세

형용사의 뜻을 활성화할 때 그 앞에 여러 수식언을 사용한다.

Жишээ нь маш хурдан, нэн удаан, ув улаан, цав цагаан, хөв хөх, яв ягаан, маш сайн, таг дүлий, хав хар.

그리고 형용사의 뜻을 약화할 때 해당 형용사의 어간에 -втар, -втэр, -втор, -втөр, -дуу, -дүү 조사를 붙여 쓴다.

Жишээ нь улаан-улаавтар, хар-харавтар, хөх-хөхөвтөр, дулаан-дулаандуу, хүйтэн-хүйтэндүү .

Жишээ нь:

Нэг. Энэ онгоц **маш хурдан** нисдэг.

이 비행기가 아주 빨리 난다.

Энэ модны навч **ув улаан** болсон байна.

이 나무의 잎이 새빨갛게 되었다.

Тэнгэрт **хав хар** үүл нүүж явна.

하늘에 시커먼 구름이 떠다닌다.

Газарт **яв ягаан** цэцэг ургажээ.

땅에 짙은 분홍 꽃이 피웠다.

Ууланд **сав саарал** манан татсан байна.

산에 회색의 안개가 꼈다.

Хоёр. Өнгөрсөн жил **дулаавтар** өвөл болсон.

작년 겨울이 (비교적) 따뜻했다.

Энэ жил **хүйтэвтэр** өвөл болж байна.

올해는 겨울이 약간 춥다.

Одоо гадаа **хүйтэндүү** байна.

지금 밖에 날씨가 약간 춥다.

Манай ангийн уур амьсгал **дулаандуу** болж байна.

우리 반의 분위기가 약간 좋아지고 있다.

Түүний цүнх **харавтар** өнгөтэй юм билээ.

그의 가방이 거무스름한 색이더라.

보조 문법

사람과 동물, 사물과 형상의 성질, 형태, 색상, 모양 등을 다른 것과 같은 성질을 비교해 유사하거나 차이가 있음을 표현함을 형용사의 비교급이라 한다. 형용사의 비교급을 동급, 상급, 최상급으로 나눌 수 있다.

-ижил зэрэг 동급

Жишээ нь сар шиг сайхан, салхи шиг хурдан /

-илүү зэрэг 상급

Жишээ нь сарнаас сайхан, салхинаас хурдан /

-давуу зэрэг 최상급

Жишээ нь хамгийн сайхан, туйлын хурдан/

Жишээ нь:

Нэг. Тэр эмэгтэй **сар шиг сайхан** царайтай.
그 여자가 달처럼 아름다운 얼굴을 가졌다. 그녀의 얼굴은 달처럼 아름답다.

Тэр эрэгтэй **хөө шиг хар** дотортой.
그 남자의 속은 재처럼 까맣다.

Тэр эмэгтэй **үнэг шиг муухай** зальтай.
그 여자는 여우처럼 나쁜 꾀가 많다.

Тэр эрэгтэй **баавгай шиг удаан** хөдөлгөөнтэй.
그 남자는 곰처럼 동작이 느리다.

Тэр морь **салхи шиг хурдан** давхиж байна.
그 말이 바람처럼 빠르게 달리고 있다.

Хоёр. Тэр эмэгтэй **сарнаас сайхан** царайтай.
그녀의 얼굴은 달보다 아름답다.

Тэр эрэгтэй **хөөнөөс хар** дотортой.
그 남자의 속은 재보다 까맣다.

Тэр эмэгтэй **үнэгнээс илүү** зальтай.
그 여자는 여우보다 꾀가 많다.

Тэр эрэгтэй **баавгайнаас удаан** хөдөлгөөнтэй.
그 남자는 곰보다 동작이 느리다.

Тэр морь **салхинаас хурдан** давхиж байна.
그 말이 바람보다 빠르게 달리고 있다.

Гурав. Тэр эмэгтэй **хамгийн сайхан** царайтай.
그녀의 얼굴이 제일 아름답다.

Тэр эрэгтэй **хамгийн муухай** дотортой.
그 남자의 속이 제일 까맣다.

Тэр эмэгтэй **туйлын их** зальтай.
그 여자는 최고로 꾀가 많다.

Тэр эрэгтэй **хамгийн удаан** хөдөлгөөнтэй.
그 남자의 동작이 제일 느리다.

Тэр морь **туйлын хурдан** давхиж байна.
그 말이 최고로 빠르게 달리고 있다.

Эхийг уншаарай

Манай сургуулийн хичээлийн байр маш том ба саарал өнгөтэй. Сургуулийн анги танхимууд нэн саруулхан. Оюутны ширээ хүрэн өнгөтэй, сандал нь хөх өнгөтэй. Сургуулийн гуанзны заал жижгэвтэр. Өдрийн хоолонд олон оюутан ордог тул давчуу байдаг. Үйлчлэгч нар нь маш хурдан шуурхай үйлчлдэг нь надад их сайхан санагддаг. Зарим өдрийн хоол нь шорвогдуу болсон байдаг. Гэхдээ манай сургуулийн гуанзны хоол амт чанар сайтай.

Дасгал ажил

Дасгал 1

Цэгийн оронд тохирох тэмдэг нэрийг бичиж өгүүлбэрүүдийг гүйцээж бичээрэй.

1. Энэ   машин хэний машин бэ?
   -Энэ улаан машин миний дүүгийнх.
2. Энэ   ном хэнийх вэ?
   -Энэ зузаан ном Батынх.
3. Энэ   дэвтэр хэнийх вэ?
   -Энэ нимгэн дэвтэр минийх.
4. Тэр   гүйж буй тамирчин аль улсынх вэ?
   -Тэр хурдан гүйж буй тамирчин Монгол улсынх.
5. Тэр   хоол хэнийх вэ?
   -Тэр шорвог хоол дүүгийнх.
6. Тэр   шугам хэнийх вэ?
   -Тэр гурвалжин шугам багшийнх.

Дасгал 2

Дараах тэмдэг нэрсийг тохирох тохирох бүлгээр нь ангилж бичээрэй.

-улаан, ногоон, саарал, гурвалжин, дөрвөлжин, хавтгай, гашуун, амтгүй, чихэрлэг, шорвог, сайн, муу, овжин, зальтай, удаан, хурдан, том, жижиг, бага, их, хар, шар, бор, нимгэн, зузаан, өрөвгөр, шовгор, исгэлэн, өмхий, нялуун, гашгай, түргэн, намхан, бүдүүн, өндөр, залуу, буурал, цэцэн, тэнэг, зугуухан, аажим

1. Өнгө зүс заасан:

2. Амт чанар заасан:

3. Хэмжээ заасан:

4. Хөдөлгөөн заасан:

5. Хэлбэр дүрс заасан:

6. Шинж чанар заасан:

Дасгал 3

Дараах тэмдэг нэрсийн эсрэг утгатай үгийг олж бичээрэй.

1. цагаан -
2. хол -
3. залуу -
4. хурдан -
5. урт -
6. бөх -

Дасгал 4

Дараах тэмдэг нэрсийг эрчимжүүлсэн ба бууруулсан утгатай болгож бичээрэй.

Тэмдэг нэр	Эрчимжүүлсэн утга	Бууруулсан утга
1. шинэ		
2. хуучин		
3. өндөр		
4. хөгшин		
5. богино		
6. дулаан		

Дасгал 5

Дараах үгсэд тохирох тэмдэг нэрийг олж бичээд өгүүлбэр зохиож бичээрэй.

1. цоо ____ - ____
2. тас ____ - ____
3. маш ____ - ____
4. цал ____ - ____
5. цэв ____ - ____
6. шав ____ - ____

Дасгал 6

Дараах үгсийг ижил, илүү, давуу зэрэгт болгож бичээрэй.

	Ижил зэрэг	Илүү зэрэг	Давуу зэрэг
1. хурдан			
2. цагаан			
3. хатуу			
4. нимгэн			
5. шар			
6. хөнгөн			

тэмдэглэл

ТАВДУГААР ХИЧЭЭЛ

Өнөөдөр хэдний өдөр вэ?

Сарнай: Өнөөдөр хэдэн сарын хэдэн бэ?

Магнай: Өнөөдөр 10 дугаар сарын 11-ний өдөр.

Сарнай: Өнөөдөр хэд дэх өдөр вэ?

Магнай: Өнөөдөр тавдахь өдөр.

Сарнай: Өнөөдөр танай хичээл хэдэн цагт тарах вэ?

Магнай: Өнөөдөр манай хичээл 17 цаг 50 минутад тарна.

Сарнай: Та нар хичээлдээ хэдүүлээ суудаг вэ?

Магнай: Бид нар хичээлдээ арван наймуулаа суудаг.

Сарнай: Танай монгол хэлний анги хэд орчим оюутантай вэ?

Магнай: Манай монгол хэлний анги ная орчим оюутантай.

Сарнай: Эрэгтэй оюутан хэр олон байдаг вэ?

Магнай: Нийт оюутны гуравны хоёр нь эрэгтэй оюутан.

Шинэ үг

нэгдэх өдөр	월요일	хоёрдахь өдөр	화요일
гуравдахь өдөр	수요일	дөрөвдэх өдөр	목요일
тавдахь өдөр	금요일	зургаадахь өдөр хагас сайн	토요일
долоодахь өдөр, бүтэн сайн	일요일	тарах	끝나다, 파하다
орчим, хавьцаа, гаруй, ...	여, 약, 대략, ~쯤	тоо ширхэг	수량
дэс дугаар	다음 번째, 다음의 일	үндсэн тоо	양수
дэс тоо	서수	тойм тоо	개수
хам тоо	집합수사	түгээл тоо	배분수
дахих тоо	회수사	бутархай тоо	분수
килограмм	킬로그램	грамм	그램
тойрох	돌다, 선회하다	үдийн хоол	점심 식사
жижүүр	수위, 경비원	өнгөрөөх	보내다
цогцолбор	단지	босох	일어나다
танилцах	만나다, 알게 되다	будаа	곡류
лууван	당근	хошоод	둘씩, 두 개씩
хошой	재 입상	отгон	막내
ууган	맏		

Дүрэм

1. Тооны нэр 수사

사람과 사물, 현상의 수량 개수, 순서를 가리키는 단어들을 수사 라고 한다. 수사는 대부분 -хэд? -хэдэн? –хэддүгээр? 등 질문에 답할 수 있는 형식이다.

예를 들면: нэг, хоёр, гурав, дөрөв, тав, зургаа, долоо, найм, ес, арав, арван нэг хорин хоёр, зуун нэг, мянга таван зуун хорин долоо .

수사를 양수사, 서수사, 개수사, 집합수사, 분배수사, 회수사, 분수사 등으로 일반적으로 분류할 수 있다.

❶ Үндсэн тоо 양수사

Жишээ нь 1, 2, 3, 4, 5, 6, 7, 8, 9, 10, 11, ...

❷ Дэс тоо 서수사

Жишээ нь нэгдүгээр, хоёрдугаар, нэг дэх, ...

❸ Тойм тоо 개수사

Жишээ нь арав орчим, зуун арав орчим, ...

❹ Хам тоо 집합수사

Жишээ нь тавуул, арвуул, хориул, гучуул, ...

❺ Түгээл тоо 분배수사

Жишээ нь арав арваар, зуу зуугаар, ...

❻ Дахих тоо 회수사

Жишээ нь удаа, 20 удаа, 100 удаа, ...

❼ Бутархай тоо 분수사

Жишээ нь гуравны нэг, дөрөвний гурав, ...

수사는 다음 방식으로 만들어 진다.

❶ Үндсэн тоо 양수사 - 양수사는 어간 그대로 쓴다.

Жишээ нь 1, 2, 3, ...

❷ Дэс тоо 서수사 - 양수사+дугаар, дүгээр/ +дахь, дэх

Жишээ нь нэгдүгээр, хоёрдугаар, гуравдахь, ...

❸ Тойм тоо 개수사 - 양수사+аад, ээд, оод, өөд / +орчим, эргэм, хавьцаа, хэрийн, шахам, гаруй, ...

Жишээ нь арваад, арав орчим, арав эргэм, арав хавьцаа, ...

❹ Хам тоо 집합수사 - 양수사+уул, үүл

Жишээ нь арвуул, гурвуул, хориул, ...

❺ Түгээр тоо 분배수사 - 양수사+үндсэн тоо

Жишээ нь гурав гурваар, дөрөв дөрвөөр, тав таваар

❻ Дахих тоо 회수사 - 양수사+таа, тээ, тоо, төө / +удаа, дахин

Жишээ нь гурвантаа, дөрвөнтөө, таван удаа, ...

❼ Бутархай тоо 분수사 - 양수사+소유격+양수사

Жишээ нь тавны хоёр, зууны гуч, хорины арван тав, ...

Жишээ нь:

Нэг. Манай анги **19** оюутантай.

우리 반에 19명의 대학생이 있다.

Манай гэр бүлд **5** хүн амьдардаг.

우리 집에 5명이 산다.

Миний жин **85** килограмм.

나의 몸무게는 85킬로그램이다.

Манай ээж дэлгүүрээс **3** килограмм **500** грамм

жимс авлаа.

우리 어머니께서 가게에서 3킬로그램 500그램 과일을 사셨다.

Дүүгийн цэцэрлэг өдөр бүр **350** грамм сүү өгдөг.

동생에게 유치원에서 매일 350그램 우유를 준다.

Хоёр. Бид монгол хэлний **нэгдүгээр** ангид сурдаг.

우리는 몽골어과 일 학년이다.

Одоо **гуравдугаар** цагийн хичээл орж байна.

지금은 3교시 수업 중이다.

Өнөөдөр **дөрөвдэх** өдөр буюу пүрэв гараг.

오늘은 넷째 날 즉, 목요일이다.

Бид **тавдахь** өдөр аяллаар явна.

우리는 금요일에 여행을 간다.

12 дугаар сарын 21-нд хичээл амарна.

`12월 21일부터 방학한다.

Гурав. Гадаа **дал орчим** мод ургаж байна.

밖에는 70여 그루의 나무가 자라고 있다.

Манай ангид **дөч хавьцаа** ширээ байна.

우리 교실에 40여 개의 책상이 있다.

Ширээ тойроод **арваад** оюутан сууж байна.

책상을 둘러 10여 명의 대학생이 앉아 있다.

Өнөөдөр хуралд **зуу шахам** хүн ирсэн байна.

오늘 회의에 100여 명이 왔단다.

Энэ автобусаар **хорь гаруй** хүн ирлээ.

이 버스로 스무 명 넘게 왔다.

Дөрөв. Одоо **бид арвуулаа** болсон учир хурлаа эхэлж байна.

지금은 우리가 열 명이 되었으니 회의를 시작합니다.

Та нар олуул гадуур яваад хэрэггүй шүү!

너희들 여럿이서 밖에 다니지 마라.

Тав. Одоо **арав арвaараа** нийлээд суугаарай.

지금 열 명씩 어울러 앉으세요.

Арван тав арван таваараа яваад хоолоо идээд ирээрэй.

열 다섯 명씩 가서 식사를 하고 오세요.

Ширээний **хоёр** талд **гурав гурвaараа** суу.

테이블 양쪽에 세 명씩 앉으세요.

Үдээс хойш **хоёр хоёроороо** ирээд шалгалт өгөөрэй.

오후에 두 명씩 와서 시험을 보세요.

Ангидаа **тав таваараа** жижүүр хийж бай.

교실에 다섯 명씩 당번을 하세요.

Зургаа. Манай багш даалгавраа **олон удаа** шалгадаг.

우리 선생님께서 숙제를 여러 번 확인하신다.

Би Монгол улсад ирээд **гурвантаа** өвлийг өнгөрөөлөө.

나는 몽골에 와서 세 번의 겨울을 지냈다.

Энэ дэвтрээс **тав дахин олныг** аваад ирээрэй.

이 공책을 다섯 배 많이 가지고 오세요.

Би **дөрвөнтөө** ирсэн боловч хэн ч ангид байгаагүй.

나는 네 번이나 왔지만, 교실에 아무도 없었다.

Олон удаа уншиж, бичвэл хэлийг сайн сурна.

여러 번 읽고, 쓰면 언어를 잘 배운다.

Долоо. Манай ангийн оюутнуудын **гуравны нэг** нь цэрэгт явсан.

우리 반 대학생들의 삼 분의 일이 군대 갔다.

Манай сургуулийн оюутнуудын **гуравны хоёр** нь Сөүлийн цогцолбортоо хичээллэдэг.

우리 학교 삼 분의 이는 서울 캠퍼스에서 수업을 한다.

Аав одоогоор ажлынхаа **дөрөвний гурвыг** хийгээд дууссан гэнэ.

아버지가 현재 일의 사 분의 삼을 끝냈다고 한다.

Энэ хичээл дээр оюутнуудын **гуравны хоёр** нь ирсэн байна.

이 수업에 대학생들의 삼 분의 이가 왔다.

Солонгос хүмүүсийн **зууны дөч** нь хүүхэд залуучууд.

한국인들의 백 분의 사십이 청소년들이다.

Эхийг уншаарай

Манай ангид арван таван эрэгтэй оюутан, арван нэгэн эмэгтэй оюутан сурдаг. Бид одоо нэгдүгээр ангийн оюутнууд. Ахлах сургууль төгсөөд хэдэн сар л болж байгаа бол дөрвөн жилийн дараа их сургуулиа төгсөнө. Ирэх жил эрэгтэй оюутнуудын гуравны хоёр нь бараг цэрэгт явах байх. Хоёрдугаар ангид ороод дөрвөөс таван оюутан Монгол улс руу явж Монгол Улсын Их Сургуульд сурна. Монгол улсаас ч цөөн оюутан манай сургуульд ирж сурна.

Дасгал ажил

Дасгал 1

Дараах асуултад хариулж бичээрэй.

1. Өнөөдөр хэдэн сарын хэдэн бэ?

2. Чи хэдэн сарын хэдэнд төрсөн бэ?

3. Одоо цаг хэд болж байна вэ?

4. Танай хичээл хэдэн цагт тарах вэ?

5. Чи өглөө хэдэн цагт боссон бэ?

6. Чи хэдэн цагт гэртээ харих вэ?

Дасгал 2

Дараах зүйр цэцэн үгсээс тооны нэр орсон зүйр цэцэн үгийг олоорой.

1. Ганц мод гал болдоггүй
   Ганц хүн айл болдоггүй
2. Аавын бийд хүнтэй танилц
   Агтны бийд газар үз.

3. Зуун төгрөгтэй байснаас

Зуун найзтай байсан нь дээр.

Дасгал 3

Цэгийн оронд хаалтан дахь тоог үсгээр бичиж өгүүлбэрүүдийг гүйцээ.

1. Манай ангид (15)ширээ, (30)сандал байна.
2. Бид (5)тавуулаа нийлж хичээлээ хийдэг.
3. Манай ангийн оюутнуудын гуравны (2)нь хичээлдээ тогтмол суудаг.
4. Гадаа (20)орчим мод шинээр тарьж байна.
5. Ээж дэлгүүрээс (3)кг жимс, (2)кг будаа, (1)кг лууван авчирлаа.
6. Манай дүү өглөө (9)цагт босч, орой (10)цагт унтдаг.

Дасгал 4

Дараах үндсэн тоог тойм ба дэс тоо болгож бичээрэй.

Үндсэн тоо	Тойм тоо	Дэс тоо
1. нэг		
2. хоёр		
3. гурав		
4. дөрөв		
5. тав		
6. зургаа		

Дасгал 5

Дараах тоонуудыг үсгээр зөв бичээрэй.

1. 19870
2. 25095
3. 10001
4. 1253934
5. 22333444
6. 1000012

Дасгал 6

Дараах тооны нэрээс бүтсэн холбоо үгсээр өгүүлбэр зохиож бичээрэй.

1. дэд сайд

2. хошоод үзэг

3. отгон хүү

4. өрөөсөн гутал

5. хошой алт

6. ууган охин

ЗУРГААДУГААР ХИЧЭЭЛ

Энэ даалгаврыг хийхэд туслаач!

Магнай: Сарнай, чи надад нэг туслаач!

Сарнай: За. Би чамд яаж туслах вэ?

Магнай: Чи хаашаа явж байна вэ? Чамд зав байна уу?

Сарнай: Би шуудан орох гэж явна. 15 минутын л зав байна.

Магнай: Тэгвэл чи надад энэ даалгаврыг хийхэд туслаач. Би огт хийж чадахгүй байна.

Сарнай: Багш чинь танай ангид энэ даалгаврыг хэзээ өгсөн юм бэ?

Магнай: Багш манай ангид энэ даалгаврыг өчигдөр өгсөн юм.

Сарнай: Оюутнууд даалгавраа сая хийж харагдана лээ. Чи тэдэн дээр очоод хамт хийвэл илүү амар байх.

Магнай: Оюутнууд хаана даалгавраа хийж байна вэ?

Сарнай: Тэр урд талын номын санд хийж байна лээ.

Магнай: Өө ашгүй, баярлалаа. Би одоохон тийшээ очъё.

Сарнай: За тэг. Тэгсэн нь чамд дээр байх.

Шинэ үг

надад	나에게	даалгавар	숙제
хэрхэх	어떻게 하다	аль	어느
ийм	이런	тийм	저런
хаана	어디	энд	여기(에)
тэнд	거기(에)	өчнөөн	이것만은, 여기까지
өдий	이 정도	төдий	저정도
өөрсдөө	스스로(복수형)	боломж	기회
цөм/бүгд/нийт	모두/다/총	зарим	일부
ялгах	구분	тодорхой	정확한
өөрийн	스스로의	муухай	나쁘다, 지저분하다
бээлий	장갑	нөөц	비축, 여분, 잠재
өндөг	달걀	толь бичиг	사전
заавал	반드시	хуурамч	가짜
шидтэн	마법사	тусламж	도움
үхэх	죽다	нууц	비밀
тогтмол	자주	хар бага	아주 어릴 적

Дүрэм

1. Төлөөний нэр 대명사

사람과 사물, 현상의 성질과 색상, 형태, 맛, 품질, 수, 동작, 공간위치, 시간 혹은 기간 등을 직접적으로 지칭하지 않고 대체하여 가리킬 수 있는 단어들을 품사를 대명사라고 한다. 대명사를 보통 대명어라고 한다.

대명사는 명사, 동사, 형용사, 수사, 시공간 품사를 대신한다. 그래서 대명사 품사의 -хэн?, -юу?, -ямар?, -хаана?, -хэзээ?, -хэд?, -хэдэн?등 일반적인 질문 모두에게 답할 수 있는 것이 특징이다.

예를 들면,

❶ Жинхэнэ нэр 명사 - хэн, юу

❷ Үйл үг 동사 - ингэх, тэгэх, хэрхэх, яах

❸ Тэмдэг нэр 형용사, 관형사 - ийм, тийм, аль, ямар

❹ Орон цагийн нэр 시공간품사 - хаана, хэзээ, энд, тэнд

❺ Тооны нэр 수사 - хэд, хэчнээн, төдий

몽골어의 대명사를 인칭대명사, 지시대명사, 의문대명사, 분류 대명사, 불분명 대명사, 자가대명사로 분류한다.

❶ Биеийн төлөөний үг 인칭대명사

Жишээ нь би, чи, та, та нар, бид, тэд, ...

❷ Заах төлөөний үг 지시대명사

Жишээ нь энэ, тэр, энд, тэнд, өчнөөн, өдий, ...

❸ Асуух төлөөний үг 의문대명사

Жишээ нь хэн, юу, ямар, аль, хэдэн, хэзээ, ...

❹ Ялгах төлөөний үг 분류대명사

Жишээ нь цөм, бүгд, нийт, зарим, өөр, ...

❺ Тодорхойгүй төлөөний үг 불분명대명사

Жишээ нь хэн ч, юу ч, аль ч, хаана ч, аливаа, ...

❻ Өөрийн төлөөний үг 자가대명사

Жишээ нь өөрөө, өөрсдөө, ...

Жишээ нь:

Нэг. **Би** ном уншиж байна.

내가 책을 읽고 있다.

Намайг Болдоо гэдэг.

나는 벌드라고 한다.

Миний найзыг Сүхээ гэдэг. **Тэр** их сургуулийн оюутан.

나의 친구를 수헤라고 한다. 그는 대학생이다.

Тэд шалгалтанд бэлтгээд завгүй байна.

그들이 시험 준비로 바쁘다.

Бид маргааш хөдөө явах болохоор их завгүй байна.

우리가 내일 시골에 가기 때문에 많이 바쁘다.

Хоёр. **Энэ** юу вэ? **Энэ** ширээ.

이것은 무엇입니까? 이것은 책상이다.

Тэр юу вэ? **Тэр** могой.

그것은 무엇입니까? 그것은 뱀이다.

Та эдгээр зүйлийг аваад яваарай.

당신은 이것들을 가지고 가세요.

Бид ийм муухай зүйл хийдэг хүмүүс биш.

우리가 이 정도로 나쁘게 할 사람들이 아니다.

Чи өнөө номоо авчрахаа мартав аа!

너 그 책을 가지고 오는 것을 잊지 마라!

Гурав. **Тэр хэн** бэ? **Тэр** бол шинэ багш.

그 사람은 누구입니까? 그 사람은 새로운 선생님이시다.

Энэ юу вэ? **Энэ** шинээр авсан ширээ.

이것은 무엇입니까? 이것은 새로 산 책상이다.

Энэ ямар морь вэ? **Энэ** их сайн морь.

이 말은 어떤 말입니까? 이 말은 매우 좋은 말이다.

Сөүл рүү **аль** автобус нь явах вэ? **Тэр** улаан автобус нь Сөүл рүү явна.

서울로 가는 버스가 어느 버스입니까? 그 빨간 버스가 서울로 간다.

Хэдэн цаг болж байна вэ? Одоо хоёр цаг болж байна.

몇 시입니까? 지금 두 시 입니다.

Дөрөв. **Хэн ч** өнөөдөр хичээлдээ ирсэнгүй.

오늘 아무도 수업에 안 왔다.

Юу ч идэх сонирхол алга.

아무것도 먹을 생각이 없다.

Аль ч хоолны газар ялгаагүй.

어느 식당이든 차이가 없다.

Хаана ч суусан адилхан.

어디에 앉아도 같다.

Аливаа ажлыг сайн бодож байж хийх хэрэгтэй.

모든 일을 잘 생각하고 나서 해야 한다.

Тав. **Энэ бүгд** улсын хөрөнгө болно.

이것은 모두 국유 자산이 된다.

Маргааш хуралд **цөм** ирэх хэрэгтэй.

내일 회의에 모두 와야 한다.

Үдийн хоолыг Сөүл хотод хамт идвэл зүгээр байна.

점심 식사는 서울에서 다 같이 먹으면 좋겠다.

Зарим өдөр ажилдаа явахгүй байж болно.

어떤 날에는 출근하지 않아도 된다.

Эднээс өөр хүмүүс ирсэн бол их сайн байсан юм.

이들 외에 다른 사람들이 왔으면 좋았을 것을.

Зургаа. **Эднээс бусад** нь ажлаа тараад сайн амраарай.

이들을 제외한 나머지는 퇴근하고 잘 쉬세요.

Чи өөрөө үүнийг хийсэн бол илүү сайн болох байсан байх.

네가 스스로 직접 이것을 했다면 더 잘 되었을 것이다.

Бид өөрсдөө нөөц боломжиндоо тааруулаад хийчихье.

우리가 우리들의 기량에 맞게 할게요.

Тэд өөрсдөө маргааш наашаа ирж чадахгүй гэсэн.

그들이 스스로 내일 이쪽으로 오지 못한다고 했다.

Ямарваа ажлыг эхэлсэн бол заавал дуусгах ёстой.

어떠한 일을 시작했다면 반드시 끝내야 한다.

Эхийг уншаарай

Өнөө өглөө намайг сургууль дээр очиход тэр аль хэдийн ирчихсэн хичээлээ хийж байлаа. Түүний онц сурдаг нэг нууц нь тогтмол эрт босч хичээлээ давтдагт байдаг байх. Уг нь хэн ч түүнийг эрт бос гэж шаарддаггүй. Гэхдээ л тэр хар багаасаа эрт босоод сурчихсан. Амралтын зарим өдөр л хааяа жаахан унтаж амардаг гэсэн. Намайг хэрвээ тогтмол эрт бос гэвэл надад их л хэцүү байх байх даа. Түүн шиг байнга эрт босоод сурчихвал хүнд өөрт нь хэрэгтэй л дээ.

Дасгал ажил

Дасгал 1

Цэгийн оронд тохирох төлөөний үгийг нөхөж бичээрэй.

1. хичээлээ хийж байна.
2. Энэ вэ? Энэ бол монгол дээл.
3. Тэр вэ? Тэр бол тахианы өндөг.
4. Чи надад . толь бичгээ түр үзүүлээч.
5. Энэ яриад байсан түрийвч шүү дээ.
6. Би Их сургууль руу явбал хурдан хүрэх вэ?

Дасгал 2

Дараах өгүүлбэрүүд дэх зөв төлөөний үгийн доогуур зураарай.

1. Чи нөгөө/хаана бээлийгээ үзүүлээч.
2. Энэ наадамд хэний/юуны морь түрүүлэх бол?
3. Хэзээ/хэдэн цаг болж байна вэ?
4. Бид өнөө/одоогоор их зав муутай байна.
5. Монгол улс руу яаж/ямар явбал амар вэ?
6. Тэр хотоос хэдийд/аль буцаж ирсэн бэ?

Дасгал 3

Дараах төлөөний үгсийг тийн ялгалын нөхцөлөөр зөв хувиргаж бичээрэй.

	Би	Чи	Та
Нэрлэх			
Харьяалах			
Өгөх орших			
Заах			
Гарах			
Үйлдэх			
Хамтрах			
Чиглэх			

Дасгал 4

Дараах өгүүлбэрүүдээс төлөөний үгийг олоорой.

1. Тэдгээр овоон дээр заавал гарах хэрэгтэй.
2. Миний багш ийм сайн хүн.
3. Тэр эмэгтэй тийм зальтай хүн.
4. Тэр дандаа худлаа ярьж байдаг.
5. Өдий насанд заавал сурсан байх хэрэгтэй.
6. Нөгөө үлгэрт гардаг шидтэн чинь тэр шүү дээ.

Дасгал 5

Дараах өгүүлбэрийн тодруулсан үгэнд таарах асуулт зохиож бичээрэй.

1. Одоо Сөүл хотод 11 цаг болж байна.

   -

2. Би Солонгосын Гадаад Судлалын Их Сургуульд сурдаг.

   -

3. Тэр өндөр уул.

   -

4. Тэд маргааш хөдөө явна.

   -

5. Энэ хавар Монгол руу аялна.

   -

6. Би Японы Токио хотоос ирсэн.

   -

Дасгал 6

Дараах өгүүлбэрүүдийн цэгийн оронд “үүгээр, хэн ч, тэднээс, үүнийг, түүний, аль ч” гэсэн төлөөний үгсийн аль тохирохыг бичээд өгүүлбэрүүдийг уншаарай.

1. Би ______ бодохоос дургүй хүрдэг.
2. Би ______ лав тусламж гуйхгүй.
3. Би ______ юу ч хийж чадахгүй.
4. ______ хуурамч занг бодохоор дургүй хүрдэг.
5. ______ үүнийг хийж чадахгүй дээ.
6. ______ замаар явсан эцэстээ үхэх нь үнэн шүү дээ.

ТЭМДЭГЛЭЛ

ДОЛООДУГААР ХИЧЭЭЛ

Өнөөдөр талбай дээр ямар тэмцээн болж байгаа юм бэ?

Магнай: Тэр биеийн тамирын талбай дээр юу болж байна вэ?

Сарнай: Аа мэдэхгүй. Одоо бол их л олон хүн сууж байна.

Магнай: Энэ талбай дээр өнөөдөр тэмцээн болно гэсэн зарлал байсан даа!

Сарнай: Тийм үү? Юуны тэмцээн болно гэсэн бэ?

Магнай: Манай дүүргийн ахмад тамирчид оролцсон сагсан бөмбөгийн тэмцээнтэй гэж би сонссон.

Сарнай: Аа, тэр тэмцээн маргааш болохоор хойшилсон гэсэн.

Магнай: Тийм үү? Тэгвэл өөр л арга хэмжээ болж байгаа юм шиг байна.

Сарнай: Өчигдөр тэнд оюутнууд хотын даргатай уулзалт зохион байгуулсан. Өнөөдөр үргэлжлүүлээд өөр арга хэмжээ зохион байгуулж байгаа юм байлгүй дээ.

Магнай: Тийм байж магадгүй. Тэнд очиж хараад ирье.

Сарнай: Би эндээ сууж байя. Сонирхолтой тэмцээн болж байвал намайг даллаарай.

Магнай: За тэгье ээ. Чи дандаа энд ном уншиж суух юм аа?

Сарнай: Тийм ээ. Энд ном уншиж суухад сайхан байдаг юм.

Шинэ үг

урдуур	앞으로	хойгуур	뒤로
нааш	이쪽으로	цааш	저쪽으로
уржигдар	그제	нөгөөдөр	모레
хойтон	내년	мөд	금방, 곧(미래)
үүрд	영원히	мөнх	평생, 영원한
зарлал	공고	хойшлох	미뤄지다, 늦어지다
ахмад	선배	тамирчин	선수
даллах	흔들다	зогсоол	주차장
дусах	(액체가) 떨어지다	шат	계단
суулгах	심다	услах	물을 주다
бататгах	확인하다, 확정하다	хөөрөх	뜨다
ганцаардах	외롭다, 고독하다	сэрүүн	시원한, 차가운

Дүрэм

1. Орон цагийн нэр 시공간품사

사람과 사물, 현상의 동작 및 행위 방향, 공간, 시간을 가리키는 품사를 시공간 품사라고 한다. 시공간품사는 -хаана? -хаагуур? -хэзээ? 등의 질문에 답할 수 있는 형식이다. 예를 들면 дээр, доор, дэргэд, өмнө, хойно, урдуур, хойгуур, хооронд, дунд, одоо, өнөөдөр, үргэлж 등이다.

시공간품사를 아래와 같이 구분될 수 있다.

❶ Орны утга заасан үгс 공간의 뜻을 가리키는 단어

❷ Цагийн утга заасан үгс 시간의 뜻을 가리키는 단어

❸ Орон байр заасан үгс 공간을 가리키는 단어

❹ Зүг чиг заасан үгс 방향을 가리키는 단어

❺ Цагийн утга заасан үгс 시간의 뜻을 가진 단어

❻ Тодорхой цаг заасан 정확한 시간을 가리키는 단어

- → Одоо цаг 현재 Жишээ нь одоо, өнөө, өнөөдөр, ...
- → Өнгөрсөн цаг 과거 Жишээ нь өчигдөр, уржигдар, ...
- → Ирээдүй цаг 미래 Жишээ нь маргааш, нөгөөдөр, ...

❼ 분명한 시간을 가리키는 단어 Жишээ нь үргэлж, дандаа, ...

시공간품사는 격조사의 영향을 많이 받지 않는 것이 특징이다. 공간을 가리키는 단어들은 주로 탈격 조사의 영향을 받고, 시간의 뜻을 가리키는 단어들은 주로 소유격과 탈격조사의 영향을 받는다. 예를 들면 доороос, гаднаас, хажуунаас, үүрдийн, мөнхийн, хожмын, нөгөөдрөөс, маргаашнаас 등이다.

Жишээ нь:

Нэг. Чиний толгой **дээрээс** ус дусаад байна.

너의 머리 위에서 물이 떨어지고 있다.

Манай байрны **доор** машины зогсоол байдаг.

우리 아파트 아래 주차장이 있다.

Энэ машины зогсоол **дотор** би төөрчих гээд байдаг юм аа.

이 주차장 안에서 나는 길을 잃곤 한다.

Манай сургуулийн **гадна** том талбай бий.

우리 학교 밖에 큰 광장이 있다.

Хуралд сууж байсан бидний **урдуур** олон хүн өнгөрлөө.

회의 중이던 우리 앞으로 많은 사람이 지나갔다.

Хоёр. Тамирчид **дээшээ** хурдан өгсөж байна.

선수들이 위로 빠르게 오르고 있다.

Уул өөд өгсөх амархан харин **доош** буух хэцүү байдаг.

산에 올라가는 것은 쉽지만, 아래로 내려가는 것은 어렵다.

Чи **наашаа** суучих, чамд нэг нууц зүйл хэлье.

너 이쪽으로 앉아 봐라, 너에게 비밀을 하나 말할게.

Энэ байшингийн **дотогш** ороод хэрэггүй шүү.

이 건물 안쪽으로 들어가지 마라.

Энэ шатан **дээгүүр** гүйж болохгүй шүү.

이 계단 위로 뛰어다니면 안 된다.

Гурав. **Өчигдөр** бид ажил ихтэй байлаа.

어제 우리가 일이 많았다.

Өнөөдөр та нар гадуур явах хэрэггүй.

오늘 너희들은 밖에 가지 마라.

Уржнан энэ моднуудыг суулгасан юм.

재작년에 이 나무들을 심었다.

Саяхан нэмж олон мод суулгав.

최근에 추가로 여러 그루의 나무를 심었다.

Маргааш энэ моднуудыг сайн услаарай.

내일 이 나무들에게 물을 잘 줘라.

Дөрөв. **Одоо** цаг хэд болж байна вэ?

지금 몇 시인가?

Өнөө өглөө чи хэдэн цагт боссон бэ?

오늘 아침에 너는 몇시에 일어났니?

Өнөөдөр танай анги хэдэн цагийн хичээлтэй вэ?

오늘 너희 반은 몇 시에 수업 있니?

Уржигдар танайд хэн ирсэн бэ?

그제 너희 집에 누구왔어?

Хойтон хавар дахин уулзъя.

내년 봄에 다시 만나자.

Тав. **Маргааш** чи түүнтэй заавал уулзах хэрэгтэй.

내일 네가 그를 꼭 만나야 한다.

Нөгөөдөр бид гадаад руу явахаар бэлдэж байна.

모레 우리가 외국을 가려고 준비하고 있다.

Удахгүй манайд зочид ирнэ.

곧 우리 집에 손님들이 온다.

Дараа жил энэ байшин ашиглалтад орно.

내년에 이 건물에 입주한다.

Мөд тэд ирж чадахгүй гэсэн.

금방 그들이 오지 못한다고 했다.

Зургаа. **Үргэлж** чи энд сууж байх юм аа?

항상 너는 여기에 앉아 있네?

Дандаа ном унших эрүүл мэндэд сайн биш шүү дээ!

자주 책을 읽는 것이 건강에 안 좋은데!

Биеийн тамирын дасгал тогтмол сайн хийж байгаарай!

정기적으로 운동을 잘하세요!

Үүрд ингээд баяр баясгалантай байдаг бол сайхан аа!

영원히 이렇게 행복하다면 좋겠어!

Заримдаа хүнд ганцаардаж, гуниглах зүгээр гэсэн шүү!

가끔은 사람이 혼자서 고독을 즐기는 것도 괜찮다던데!

Эхийг уншаарай

Маргааш манай ангийнхан зугаалгаар яваад нөгөөдөр ирнэ. Хааяа хөдөө явж байх нь хүний эрүүл мэндэд тустай. Энэ удаагийн зугаалгын үеэр олон тэмцээн уралдаан болно. Уул өөд өгсөж гүйх, усан доогуур хурдан сэлэх тэмцээнүүдэд би орох бодолтой байна. Ноднин жил би уулын оргилд гарах тэмцээнд түрүүлсэн болохоор энэ жил амжилтаа бататгахыг хүсч байна. Удахгүй цаг агаар хүйтрэх төлөвтэй байгаа тул маргааш зугаалгаар явах болсон гэж багш хэлсэн

Дасгал ажил

Дасгал 1

Цэгийн оронд орны утга заасан тохирох үгийг нөхөж бичээрэй.

1. Миний ширээн дүүгийн дэвтэр байна.
2. Аавын машин миний цүнх байгаа.
3. Сургуулийн хашааны олон дэлгүүр байдаг.
4. Тоглоомын талбайн өндөр мод ургасан байна.
5. Шалгалтын үеэр миний ширээний багш яваад байсан.
6. Багшийн үүнийг чамд өгч чадаагүй.

Дасгал 2

Цэгийн оронд цагийн утга заасан тохирох үгийг нөхөж бичээрэй.

1. Бат манайд ирээд явсан.
2. чи ямар ажилтай байна вэ?
3. Би үдийн хоолоо идлээ.
4. Энэ залуутай би танилцсан юм.

5. Тэд ______ манай үүгээр ирнэ гэсэн.

6. Өглөө бүр ______ дасгал хийх сайн.

Дасгал 3

Өгүүлбэрийг тодорхой биш цаг заасан утгатай үгээр нөхөж бичээрэй.

1. ______ ингээд гуниглаад байх нь эрүүл мэндэд муу даа!

2. Энэ хүн ______ үүгээр ажил руугаа явдаг юм.

3. Хэвлэл ______ захиалж унших хэрэгтэй.

4. Тэр надад ______ хайртай гэж хэлсэн.

5. Тэд ______ хичээл таслаад байдаг.

6. ______ нэг төрлийн хоол идэх сонирхолгүй шүү дээ!

Дасгал 4

Дараах орон цагийн нэр үгсийг тийн ялгалын нөхцөлөөр зөв хувиргаж бичээрэй.

	гарахын тийн ялгал	харьяалахын тийн ялгал
1. Одоо		
2. Өнөөдөр		
3. Цаана		
4. Урдуур		
5. Саяхан		
6. Хооронд		

Дасгал 5

Дараах өгүүлбэрт цагийн утга заасан үг оруулж одоо, өнгөрсөн, ирээдүй цаг дээр хувирган бичээрэй.

Өгүүлбэр нь: *Миний найз Бат хөдөөнөөс ирэх.*

Өнгөрсөн цаг дээр:

Одоо цаг дээр:

Ирээдүй цаг дээр:

Дасгал 6

Дараах өгүүлбэрүүдийг орон цагийн нэрийн зүг чиг заасан үгсээр нөхөж бичээрэй.

1. Онгоц ______ хөөрөхөөр дотор муухай болдог.
2. Онгоц ______ буухаар толгой заримдаа өвддөг.
3. Чамайг ______ ирвэл би их баярлана шүү.
4. Энэ уулын ______ хүмүүс явах дуртай биш.
5. Өндөр уулын ______ нисч явах хаяаа сайхан санагддаг.
6. Усан ______ хурдан сэлэхэд их хүч шаарддаг.

тэмдэглэл

НАЙМДУГААР ХИЧЭЭЛ

Өнөөдөр өглөө унтчихжээ...

Магнай: Юу байна? Яасан яаруу явна вэ? Хаашаа явж байна вэ?

Сарнай: Юмгүй дээ. Би их яарч явна. Хичээлдээ явж байна.

Магнай: Чи эхний цаг хичээлтэй байсан юм уу?

Сарнай: Харин тийм ээ. Өнөө өглөө унтчихсан байна.

Магнай: Чи сэрүүлгээ тавьдаггүй юм уу?

Сарнай: Сэрүүлэг тавьдаг юм аа. Өчигдөр орой мартчихсан байна.

Магнай: Чамайг өглөө унтаад байвал аав ээж чинь сэрээдэггүй юм уу?

Сарнай: Аав ээж хоёр байгаа үедээ бол сэрээдэг. Харин тэд одоо гадагшаа аяллаар явсан.

Магнай: Өө тийм үү! Танайхан тэгээд хаашаа аялж яваа юм бэ?

Сарнай: Тэд Австрали руу аялахаар явсан.

Магнай: Аа, тэр танай сургууль руу явах автобус байна. Хурдан гүйгээд суугаарай.

Сарнай: За тэгье, дараа уулзъя.

Шинэ үг

хатуужих	강해지다, 단단해지다	тэсвэрлэх	인내하다
эргүүлэх	돌리다	муудах	나빠지다, 상하다
хэсэх	돌아다니다	буцаах	되돌리다
тэнэх	돌아다니다	харвах	쏘다
эрхлэх	칭얼거리다, 보채다	барилдах	씨름하다
сэрүүлэг	알람	үйлдэх	동작하다, 행하다
ач холбогдол	의의	болц	과정, 되는 정도
адайр	버릇없는	хэлгий	혀가 짧은
хүчит	힘 좋은	харваач	활 쏘는 사람, 궁수
мэргэн	명궁	бүрмөсөн	완전히
ёс төр	예법	хэлц үг	관용어구
оньсого	수수께끼		
нөхцөлдүүлэн холбох		서로 이어주는 연결어미	
тодотгон холбох		뜻을 분명하게 해주는 연결어미	

Дүрэм

1. Үйл үг 동사

사람과 사물, 현상의 동작과 행위, 사건의 과정 등의 뜻을 표현하는 단어들을 동사라고 한다. 몽골어의 동사는 동사의 구성, 형태, 문법적인 측면에서 중요한 역할을 하며, 의의를 가진다. 몽골어의 동사는 주로 -яав?, -яаж байна?, -яасан?, -яадаг вэ? 등 질문에 답할 수 있는 형식을 가지는 것이 특징이다.

몽골어의 동사 구성을 두 가지로 나뉜다.

❶ Үндсэн үйл үг 기본동사

Жишээ нь ир, ид, уу, яв, суу, хар, унш, бод, ...

❷ Үүсмэл үйл үг 파생동사

Жишээ нь хатууж, тэсвэрлэ, цэвэрлэ, дулаар, ...

동사는 문장의 뒷부분에서 해당 동작의 주체, 상황, 시공간, 타 인칭과의 관계를 가리키고, 다른 동사와 연결짓는 문법적 연결어를 붙이는 형태를 보이기도 한다. 동사 뒤에 연결되는 연결어를 소위 동사의 어미라고 한다. 동사의 어미에는 태를 바꾸는 어미, 상황에 따른 어미, 서로 이어주는 연결어미, 뜻을 분명하게 해주는 연결어미, 종결어미가 각각 있다.

❶ Хэвийн (태를 바꾸는 어미)

Жишээ нь өөрөө үйлдэх, бусдаар үйлдүүлэх, бусдын эрхэнд үйлдэх, харилцан үйлдэх, хамтран үйлдэх

❷ Байдлын (상황에 따른 어미)

Жишээ нь энгийн үйлдэх, бүрмөсөн үйлдэх, эрчимтэй үйлдэх, түр үйлдэх, олноор үйлдэх/

❸ Нөхцөлдүүлэн холбох (서로 이어주는 연결어미)

Жишээ нь -ж, аад4, -н, -саар4, вч, -магц4, -тал4, -хлаар4, -нгуут2, -нгаа2, -бал8, -лгүй/

❹ Тодотгон холбох (뜻을 분명하게 해주는 연결어미)

Жишээ нь -даг4, -сан4, -аа4, -маар4, -хуйц2/

❺ Төгсгөх (종결어미)

Жишээ нь а/ Цагаар төгсгөх: -на4, -жээ2, -лаа4, -в, б/ биеэр төгсгөх: -я, -е, -ё, -сугай2, -аарай4, -аач4, -гтун2, -тугай2, -уузай2, -аасай4/

Жишээ нь:

Нэг. Би ном **уншиж байна**.

나는 책을 읽고 있다.

Болд зурагт **үзээд инээж байна**.

벌드는 텔레비전을 보면서 웃고 있다.

Баяр сургуулиасаа **ирж байна**.

바야르가 학교에서 오고 있다.

Миний нохой **давхиж байна**.

나의 개가 달리고 있다.

Аавын машин **зогсож байна**.

아버지 차가 서 있다.

Хоёр. Номоо хурдан **уншаарай**.

너의 책을 빨리 읽어라.

Тоогоо хурдан **бодоорой**.

수학 문제를 빨리 풀어라.

Сэтгүүлээ хурдан **эргүүлээрэй**.

잡지를 빨리 넘겨라.

Хоолоо хурдан **хийгээрэй**.

식사를 빨리 만들어라.

Хичээлээ хурдан **давтаарай**.

수업을 빨리 복습해라.

Гурав. Малчид өвөл малаа сайн **малладаг**.

목민들이 겨울에 가축을 잘 돌본다.

Би хааяа гадуур **хэсдэг**.

나는 가끔 밖을 돌아다닌다.

Дүү өдөр заримдаа **унтдаг**.

동생은 가끔 낮에 잔다.

Ээж дэлгүүр лүү өдөр бүр **явдаг**.

어머니가 가게에 매일 가신다.

Эгч ажлаасаа орой **ирдэг**.

누나/언니가 퇴근하고 늦게 온다.

Дөрөв. Өнөө шөнө бороо **оржээ**.

오늘 밤 비가 내렸다.

Цаг хурдан **өнгөрчээ**.

시간이 빨리 지나간다.

Аль хэдийн аав ажлаасаа **ирсэн**.

벌써 아버지께서 퇴근하셨다.

Би маргааш хөдөө **явлаа**.

나는 내일 시골에 간다.

Өнөөдөр тэнгэр **муудав**.

오늘 날씨가 나빠졌다.

Тав. Би одоо **явъя**.

나 지금 갈게.

Батыг ажилд **авсугай**.

바트를 직원으로 고용하는 바이다.

Наад хүмүүсээ **буцаатугай**.

이 사람들을 되돌아가도록 하라.

Чи түүнтэй **уулзуузай**!

너 그 사람이랑 만나기만 해봐라!

Одоо тоогоо **бодъё**.

지금 수학 문제를 풀 거야.

Зургаа. Намайг **явангуут** хичээлээ **хийгээрэй**.

내가 가자마자 공부를 해라.

Ээжийг **ирэхлээр** гадаа **тоглоорой**.

어머니께서 오시거든 밖에서 놀아라.

Багшийг **ирвэл** миний тухай **хэлээрэй**.

선생님께서 오시거든 나에 대해 말해라.

Ном **уншивч** сайн **ойлгохгүй байна**.

책을 읽었지만 잘 이해하지 못하겠다.

Аав ажлаасаа **ирээд** хоолоо **идэж байна**.

아버지가 퇴근하고 와서 밥을 드시고 있다.

Эхийг уншаарай

Монголчууд жил бүрийн 7 дугаар сарын 11-нээс 13-нд наадам хийдэг. Наадмаар хүчит бөх барилдаж, хурдан морь уралдаж, мэргэн харваачид нум сум харвадаг. Жилд нэг л удаа болдог болохоор наадмыг их ёс төртэй хийдэг уламжлалтай. Монгол наадмыг үзэхээр гадаадын олон жуулчин энэ үеэр ирдэг. Тэд наадмын нээлтийг үзэх их дуртай байдаг. Наадмын дараа намарт бэлтгэх их ажил байдаг тул "Наадмын маргааш намар" гэсэн хэлц үг гарчээ.

Дасгал ажил

Дасгал 1

Дараах нэр үгийн ард тохирох үйл үгийг бичиж өгүүлбэр зохиогоорой.

1. багш -
2. сурагч -
3. ном -
4. дуу -
5. цас -
6. цай -

Дасгал 2

Дараах өгүүлбэрүүд дэх зөв үйл үгийн доогуур зураарай.

1. Би машин унаад/уншаад гадуур зугаалах дуртай.
2. Миний дүү амттай чихэр идэх/үзэх дуртай.
3. Манай багш хичээлээ сайн үздэг/заадаг.
4. Манай ангийн оюутнууд монгол хэл сайн сурч байна/дуулж байна.
5. Өвөө хааяа хааяа салхинд гардаг/иддэг.
6. Эмээ юм уншихдаа нүдний шилээ барьдаг/зүүдэг.

Дасгал 3

Дараах өгүүлбэрүүдийн цэгийн оронд тохирох үйл үгийг нөхөж бичээд уншаарай.

1. Би ирэх долоо хоногоос хөдөө ________ бодолтой байна.
2. Тэд дараа сараас наашаа ________ байх.
3. Та нар энд суугаад номоо ________
4. Тэднийг ________ намайг дуудаарай.
5. Чи багш руу залгаад үүнийг ________
6. Чамайг хэл сайн ________ сайн үзэг авч ________ шүү.

Дасгал 4

Дараах өгүүлбэрүүдээс үйл үгийг олоорой.

1. Тоо бодвол толгой сэргэнэ.
2. Ном уншвал ухаан нэмнэ.
3. Аавдаа эрхэлбэл адайр болно.
4. Ээждээ эрхэлбэл хэлгий болно.
5. Хичээлээ хийвэл эрдэмтэй болно.
6. Гадуур тэнэвэл тэнүүлч болно.

Дасгал 5

Дараах асуух өгүүлбэрүүдэд хариулж бичээрэй.

1. Цаг хэд болж байна вэ?

2. Чи хаана сурдаг вэ?

3. Танай гэр хол байдаг уу?

4. Чи өглөө хэдэн цагт босдог вэ?

5. Чи өнөө өглөө хэдэн цагт боссон бэ?

6. Чи ямар хотод амьдардаг вэ?

Дасгал 6

Дараах үйл үгэнд тохирох нэр үгийг олж өгүүлбэр зохиож бичээрэй.

1. төгсөх -
2. зурах -
3. идэх -
4. бичих -
5. явах -
6. таах -

ЕСДҮГЭЭР ХИЧЭЭЛ

Та биднийг сургахын төлөө их зүтгэх юм аа.

Багш: Магнай! Цүнхнээсээ номоо гаргаарай.

Магнай: Уучлаарай, багш аа. Надад ном өгөөгүй байгаа.

Багш: Өө тийм үү? Тэгвэл өнөөдөр чамд ном олгуулах хэрэгтэй юм байна.

Магнай: Энэ шинэ номыг хэн олгож байгаа вэ, багш аа?

Багш: Сургуулийн номын санч олгож байгаа. Би түүнд хэлье. Чи үдээс хойш очоод авчихаарай.

Магнай: За, баярлалаа багш аа. Та биднийг сургахын төлөө их зүтгэх юм аа.

Багш: Багш хүний үүрэг бол шавь нараа сайн сургах шүү дээ!

Магнай: Танд сайн сурсан олон шавь байдаг байх даа?

Багш: Үе үеийн шавь нараа сайн сургах гэж хичээсний хүчинд олон шавь маань сайн сурсан.

Магнай: Та шавь нараараа их бахархдаг байх даа?

Багш: Сайн сурсан шавиараа багш хүн үргэлж бахархаж явдаг юм шүү дээ!

Магнай: Би ч гэсэн таны сайн шавь нарын нэг болмоор байна.

Шинэ үг

номын санч	사서	шавь	제자
бахархах	자랑하다	үйл үгийн хэв	동사 형태
хэрэглэгдэх	쓰이다	буцлах	끓이다
хөрөх	식다	султгах	비우다
жаал	꼬마	норох	젖다
торгох	벌금을 물리다	зөрчих	위반하다
холгох	까지다	сэлгэх	바꾸다
цалин	급여	шагнал	상
пийшин	난로	олс	밧줄
болгох	익히다	сунгах	연장하다
гашлах	상하다	халгах	두려워하다
шалтгаан	이유	жоом	바퀴벌레
оёдол	봉제	дэр	배게
дэр нэгтгэх	합방	хумих	모으다
санамсар	생각, 의도	санамсаргүй	우연히
шалз	푹	шалз түлэх	심하게 화상을 입다
татлага	끈	зэмлэх	꾸중을 하다

Дүрэм

1. Үйл үгийн хэв 동사의태

동작이나 행위를 행하는 주인이나 행위나 동작에 당하는것의 상관관계를 가리키는 문법 어미를 동사의태라고 한다. 몽골어에 동사의태는 널리 사용되며 각자 독립적인 어미로 표현된다.

몽골어의 동사의태는 다음과 같이 여러태가 있다.

❶ Өөрөө үйлдэх хэв 능동태

❷ Бусдаар үйлдүүлэх хэв 사동태

❸ Бусдын эрхэнд үйлдэх хэв 피동태

❹ Харилцан үйлдэх хэв 협동태

❺ Хамтран үйлдэх хэв 공동태

능동태란 동작이나 행위의 주가 행위를 직접 행하는 뜻을 가진 태를 말한다. 이 태는 따로 어미를 쓰지 않기 때문에 구분하고 봐야 할 필요가 없다.

사동태란 어떠한 동작이나 행위를 남에게 행하게 끔하는 뜻을 표현한다. 몽골어의 사동태는 다음과 같은 어미들이 있다. 그러나 이번 장에서는 오직 -га, -гэ, -го, -гө 어미에 대해서 배우게 될 것이다.

❶ га, -гэ, -го, -гө

❷ уул, -үүл

❸ лга, -лгэ, -лго, -лгө

❹ аа, -ээ, -оо, -өө

Бусдаар үйлдүүлэх хэвийн -га, -гэ, -го, -гө нөхцөл
사동태의 –га, -гэ, -го, -гө 어미

사동태의 –га, -гэ, -го, -гө 어미를 타동사, 자동사에 연결하여 사동태를 만든다. 예를 들면, нис+гэ=нисгэ, сур+га=сурга, буцал+га=буцалга, уна+га=унага, гар+га=гарга 등이다.

-га, -гэ, -го, -гө 어미를 씀으로써 동사가 사역의 의미를 가지게 된다. 이미 사역의 의미를 가진 동사에 또 다시 사동태의 뜻을 더하기 위해서 다른 사동형 어미인 -уул, -үүл 을 같이 연결하여 쓰기도 한다. 예를 들면, уст+га+уул=устгуул, гар+га+уул=гаргуул 등이다.

사동태 –га, -гэ, -го, -гө 어미는 -д, -л, -р, -с 등 자음으로 끝나는 단어에만 연결하는 것이 일반적인 특징이지만 예외인 것도 있다. 예를 들면, ир+гэ=иргэх, яв+га=явгах, өг+гө=өггөх 등으로 쓰거나 말해서는 안 된다.

Жишээ нь:

Нэг. Хүүхдүүдээ бүгдээрээ номоо **гарга** даа.
애들아 다들 책을 꺼내거라.

Энэ усыг хурдан **буцалгах** хэрэгтэй байна.
이 물을 빨리 끓여야 한다.

Энэ **буцалгасан** усыг **хөргөх** хэрэгтэй байна.
이 끓인 물을 식혀야 한다.

Тэр уяаг хурдан **султгах** шаардлагтай байна.
그 밧줄을 빨리 비워야 한다.

Үүнийг эндээс **гаргах** хэрэг байна уу?
이것을 여기에서 꺼내 놓을 필요가 있을까요?

Хоёр. Миний биеийг **өвтгөх** хэрэггүй шүү!
내 몸을 아프게 할 필요 없잖아!

Энэ нохойг **хөөлгөх** хэрэггүй шүү!
이 개를 내쫓게 할 필요가 없잖아!

Энэ жаалыг сайн хүн **болгож өсгөх** хэрэгтэй шүү!

이 꼬마를 좋은 사람이 되게끔 잘 키워야 한다!

Түүнд энэ цамцыг заавал **өмсгөх** хэрэггүй шүү!

그에게 이 티를 꼭 입힐 필요 없잖아!

Үүнийг ингэж **хөргөх** хэрэггүй шүү дээ!

이것을 이렇게 식힐 필요가 없잖아!

Гурав. Түүнд докторын зэрэг **олгох** хэрэгтэй.

그에게 박사 학위를 줘야 한다.

Хүүхдээ өглөө эрт **босгох** ёстой.

아이를 아침 일찍 깨워야 한다.

Толгойгоо байнга **норгох** хэрэггүй.

머리를 자주 적실 필요 없다.

Дүрэм зөрчвөл **торгох** ёстой.

법규를 어기면 벌금을 내게 해야 한다.

Гутал хөл **холгох** их хэцүү.

신발이 발을 까지게 하기는 힘들다.

Дөрөв. Үүнийг хурдан **бэлтгэх** хэрэгтэй байна.

이것을 빨리 준비시켜야 한다.

Энэ онгоцыг хурдан **нисгэх** хэрэгтэй.

이 비행기를 빨리 이륙시켜야 한다.

Энэ номыг захиралд **хүргэх** шаардлагатай.

이 책을 사장에게 갖다 줘야 한다.

Унаагаа хурдан **сэлгэж** унах ёстой.

빨리 말을 바꿔 타야 한다.

Энэ номыг өнөөдөр уншиж **дуусгах** хэрэгтэй.

이 책을 오늘 읽어 내야 한다.

Энэ савыг усаар дүүргэх хэрэгтэй.

이 통에 물을 채워야 한다.

Тав. Түүнд цалин **гаргуулах** хэрэгтэй байх.

그에게 급여를 지급하게끔 해야 할 것이다.

Түүнд шагнал **олгуулах** нь зөв.

그에게 상을 수여하게 하는 것이 옳다.

Түүнд өрөө **бэлтгүүлэх** хэрэгтэй.

그에게 방을 준비하도록 해야 한다.

Энэ дугаарыг **устгуулах** шаардлагатай.

이 번호를 삭제시킬 필요가 있다.

Үүнийг түүнд **хүргүүлэх** хэрэгтэй.

이것을 그에게 갖다 주도록 해야 한다.

Зургаа. Пийшин дээр ус **буцалгав**.

난로 위에서 물을 끓였다.

Тэднийг өдөржин **гүйлгэв**.

그들을 하루 종일 뛰어다니게 했다.

Халуун усыг **хөргөв**.

뜨거운 물을 식혔다.

Өнөө онгоцыг **нисгэв**.

그 비행기를 띄웠다.

Тэднийг өрөөнөөс **гаргалаа**.

그들을 방에서 내보냈다.

Эхийг уншаарай

Оюутнууд ширээн дээр гаргасан ном дэвтрээ хурдан хумьж авав. Учир нь Баасан тэр ширээн дээр буцалгасан халуун ус санамсаргүй асгасан юм. Ширээн дээр асгасан усыг доош нь урсгах гэж нэлээд юм боллоо. Тэр усны халууныг яана аа. Гараа хүргэх л юм бол шалз түлээд их өвтгөх байлаа. Баасанд багш “ажилд дадлага, ачаанд татлага” гэж сайхан үг байдаг тухай хэлж их л зэмлэнгүй сануулав.

Дасгал ажил

Дасгал 1

Цэгийн оронд бусдаар үйлдүүлэх хэвийн –га4 нөхцөлийг зөв залгаж бичээрэй.

1. Хүүхдүүд ээ, ширээн дээр номоо гар
2. Үйлчлэгчид нэмэлт цалин ол
3. Энэ савыг усаар дүүр
4. Тэр нохойд сайн хоол өгч цат
5. Түүний визийг сун
6. Одоо маргаашийн хуралд бэлт

Дасгал 2

Бусдаар үйлдүүлэх хэвийн нөхцөлөөр хувирсан дараах үйл үгсээр өгүүлбэр зохиож бичээд уншаарай.

1. нэгтгэх
2. бататгах
3. гашилгах
4. сунгах
5. болгох
6. өсгөх

Дасгал 3

Дараах өгүүлбэрүүдэд бусдаар үйлдүүлэх хэвийн нөхцөлийг зөв хэрэглэсэн үгсийг олоорой.

1. Би найздаа захиа хүргэх/хүргэлцэх хэрэгтэй байна.
2. Түүнээс халах/халгах нэг л шалтгаан байна даа.
3. Байрныхаа жоомыг түргэн устгуулах/ устгалцах хэрэгтэй.
4. Та завиар заавал гол гаргуулах/гаруулах хэрэгтэй.
5. Шинэ гутал хөл өвтгөөд/өвдүүлээд байна.
6. Түүнд шинэ хувцас олоод/олгуулах хэрэгтэй байх.

Дасгал 4

Дараах үйл үгсийг бусдаар үйлдүүлэх хэвийн нөхцөлөөр зөв хувиргаад өгүүлбэр зохиож бичээрэй.

1. сурах- ______ - ______
2. дүүрэх- ______ - ______
3. хөрөх- ______ - ______
4. гаргах- ______ - ______
5. өвдөх- ______ - ______
6. бэлдэх- ______ - ______

Дасгал 5

Дараах өгүүлбэрүүдийг бусдаар үйлдүүлэх хэвийн нөхцөлөөр хувирсан үйл үгсээр нөхөж бичээрэй.

7. Сайн багш сайн

8. Жаахан хүүхдийг болохгүй.

9. Гал дээр ус хэрэгтэй байна.

10. Толгойгоо хүйтэн усаар нь сайн биш.

11. Нохой тэжээхдээ эхлээд сайн хэрэгтэй.

12. Энэ усыг тийшээ хэрэгтэй.

Дасгал 6

Дараах өгүүлбэрүүдээс бусдаар үйлдүүлэх хэвийн нөхцөлийг буруу хэрэглэсэн үйл үгсийг олоорой.

1. Түүнээр захиа авчиргах хэрэгтэй.

2. Оёдолчноор цамц оёгох шаардлагатай байна.

3. Би маргааш гадаад руу явгахаар төлөвлөж байна.

4. Түүнийг иргэхээр энэ захиаг өгөөрэй.

5. Батыг буцагахаар би өөрөө хүрээд ирнэ ээ.

6. Багшид шинэ номоо өггөх гэж ирлээ.

АРАВДУГААР ХИЧЭЭЛ

Аав баахан юм надаар зөөлгүүлээд...

Магнай: Сайн уу? Чиний бие зүгээр үү? Яасан ядарсан харагдаж байна аа?

Сарнай: Сайн. Чи сайн уу? Би дажгүй ээ. Жаахан ядраад явж байна.

Магнай: Сайн. Ямар ажил хийгээд ингэж их ядраа вэ?

Сарнай: Аа, манай гэр нүүгээд. Аав баахан юм надаар зөөлгүүлээд....

Магнай: Айл нүүлгэдэг хүмүүсээр нүүлгүүлээгүй юм уу?

Сарнай: Тийм хүмүүсээр нүүлгүүлсэн юм аа. Гэхдээ л хажуугаар нь надаар их юм ачуулж, буулгуулсан.

Магнай: Чи тэгээд амрахгүй, одоо хаашаа явж байгаа юм бэ?

Сарнай: Би одоо шууданд очиж ахын захиаг шалгуулахаар явж байна.

Магнай: Дараа нь чи гэр лүүгээ харих уу?

Сарнай: Манайх гэрийнхээ шалыг засуулж байгаа болохоор жаахан байж байгаад харих бодолтой байна. Тэгвэл хоёулаа жаахан хуучлангаа хоол идэх үү?

Магнай: Хоолонд чамаар л даалгуулна шүү. Би мөнгө муутай яваа.

Сарнай: Даалгүй яахав. Аав надаар ажил хийлгүүлсэн гээд мөнгө өгсөн болохоор би мөнгөтэй байгаа.

Шинэ үг

дажгүй	무난한, 좋은	баахан	꽤, 상당한
зөөлгөх	옮기게 하다	ачих	싣다
буулгах	내리다	шалгах	확인하다
шал	바닥	даалгах	맡기다
хуучлах	이전의 이야기를 하다	хөхөх	빨다
үглэх	잔소리하다	хучих	덮다
хэвтэх	눕다	цохох	결재하다
загнах	혼내다	арчих	닦다
зүлгэх	문지르다	түрээслэх	임대하다
өргөдөл	탄원서, 청원서, 지원서	аргадах	타이르다
өгүүлбэртэй бодлого		서술형 수학문제	

Дүрэм

1. Бусдаар үйлдүүлэх хэвийн -уул, -үүл нөхцөл 사동태의 -уул, -үүл 어미

사동태 -уул, -үүл 어미는 동작이나 행위를 행하는 주체가 직접하지 않고 타인으로 하여금 해당 행위를 행하게 하는 경우에 쓰인다. 즉, 남으로 하여금 무엇을 하게 하거나 행하게끔 만들다라는 뜻을 가진다. 예를 들면, сэл+үүл=сэлүүл, арч+уул=арчуул, шалга+уул=шалгуул, уна+уул=унуул, гарга+уул=гаргуул, яв+уул=явуул, бод+уул=бодуул 등이다.

사동태 -уул, -үүл 어미를 단모음과 자음으로 끝나는 단어에 바로 연결하여 쓴다. 예를 들면, олго+уул=олгуул, хар+уул=харуул, ир+үүл=ирүүл, бич+үүл=бичүүл, үглэ+үүл=үглүүл 등이다.

주의사항

드물게 어떤 동사는 -уул, -үүл 어미를 연결해도 사동태의 뜻이 되지 않는 경우도 있다. 예를 들면, Дулмаа хүүхдээ хөхүүлэв. 돌마가 아이를 수유했다. Болд хонио хотлуулав. 벌드가 양을 눕혔다.

Жишээ нь:

Нэг. Ах найзаараа хичээлээ **хийлгүүлсэн**.
형/오빠가 자신의 친구에게 숙제를 하게 했다.

Аав надаар их ажил **хийлгүүллээ**.
아버지가 나에게 많은 일을 시켰다.

Ээж дүүгээр машинаа **бариулж** явна.
어머니가 동생에게 자동차 운전을 시키고 있다.

Эгч хоолоо найз залуугаараа **хийлгүүлэв**.
누나/언니가 요리를 자신의 남자친구에게 하게 했다.

Эмээ өвөөгөөр хөлөө **хучуулав**.

할머니가 할아버지에게 할머니의 다리를 덮게 했다.

Хоёр. Өнөөдөр багш их юм **бичүүлэв**.

오늘 선생님께서 받아쓰기를 많이 시키셨다.

Багш шинэ номоо **хэвлүүлжээ**.

선생님께서 새로운 책을 인쇄 맡기셨다.

Манай ангийнхан зургаа зурагчингаар **авахуулсан**.

우리 반 애들이 사진을 사진사에게 찍었다.

Сургууль хичээлийн байраа **будуулж** байна.

학교에서 학교 건물을 칠하게 하고 있다.

Сургуулийн захирал намайг **дуудуулсан** юм.

교장이 나를 불러들였다.

Гурав. Би түүгээр энэ захиаг **явуулсан**.

내가 그를 통해 이 편지를 보냈다.

Тэр надаар тоогоо **бодуулав**.

그가 나에게 수학 문제를 풀게 했다.

Энэ хүнээр хичээлээ **хийлгүүлдэг**.

이 사람이 수업을 해준다.

Тэр бусдаар ажлаа **хийлгүүлэв**.

그가 남을 시켜 일을 하게 했다.

Тэд дандаа нохойдоо хоол **өгүүлдэг**.

그들은 늘 개에게 밥을 준다.

Дөрөв. Бат хичээлээ надаар **хийлгүүлээд** өөрөө кино үзээд сууж байсан.

바트가 공부는 나를 시키고 본인은 영화를 보고 앉아 있었다.

Тэр Болдоор захиа **бичүүлээд** Сүрэнгээр Долгорт өгүүлсэн.

그가 벌드를 시켜 편지를 쓰게 하고 수룽을 통해 덜거르에게 전달케했다.

Ах үсээ **засуулаад** хөгжим сонсож сууна.

형이 이발을 받으면서 음악을 듣고 있다.

Аав намайг гадаад руу **явуулаад** өөрөө

нутагтаа үлдсэн.

아버지가 나를 외국으로 보내고 자신은 고향에 남았다.

Түүнийг заавал **ирүүлж** энэ юмнуудыг өгөх хэрэгтэй.

그를 반드시 오게 하고 이것들을 줘야 한다.

Тав. Миний найз надаар захиа **бичүүлсэн**.

나의 친구가 나에게 편지를 쓰게 했다.

Миний аав надаар ажлаа **хийлгүүлсэн**.

나의 아버지가 나에게 일을 시켰다.

Болд дүүгээ **унтуулаад** ирнэ.

벌드가 동생을 재우고 온다.

Багш Доржоор дуу **дуулуулсан** нь надад таалагдаагүй.

선생님이 도르지에게 노래를 시킨 것이 나는 마음에 안 들었다.

Баярыг хөдөө **явуулсан** нь буруу байсан юм.

바야르를 시골에 보낸 것이 잘못이었다.

Зургаа. Хааяа ээжээр ингэж **үглүүлэх** сайхан байдаг юм аа.

가끔 어머니의 이런 잔소리가 좋을 때도 있다.

Түүгээр байнга тэгэж **загнуулах** хэцүү байна.

그에게 늘 그렇게 혼나는 것이 힘들다.

Батаар үүнийг заавал **хийлгүүлэх** хэрэгтэй байна.

바트가 이것을 반드시 하게 할 필요가 있다.

Чамд Батаар бэлэг **явуулсан**.

너에게 바트를 통해 선물을 보냈다.

Би дүүгээ **унтуулчихаад** хичээлээ хийнэ.

내가 동생을 재우고 공부를 할 것이다.

Эхийг уншаарай

Би дүүгээрээ шинэ ном уншуулж байна. Дүү тоогоо найзаараа бодуулаад ирсэн байна. Дүүгийн хичээлийг байнга хийлгүүлж байхгүй бол ээжийг үглүүлэх хэрэг гарна. Ажиглаад байхад ээж дүүгийн хичээлийг надаар давтуулах гээд л намайг аргадаад, надад хэрэгтэй зүйлсийг минь авч өгөөд байх шиг байна. Дүүгийн хичээлийг тогтмол давтуулаад байвал энэ улирлын шалгалтаа сайн өгөх янзтай. Түүний хичээлүүдээс өгүүлбэртэй бодлого бодуулах нь надад жаахан хэцүү санагдаж байна.

Дасгал ажил

Дасгал 1

Цэгийн оронд бусдаар үйлдүүлэх хэвийн –уул2 нөхцөлийг нөхөж бичээрэй.

1. Би маргааш түүнийг чам руу яв ______ ъя.
2. Чи түүнийг очихоор надад захиа яв ______ аарай.
3. Түүгээр хичээлээ хийлг ______
4. Аавaaр би дугуй авах ______ сан.
5. Ээжээр сайхан хоол хийлг ______ ж байна.
6. Өвөөгөөр үлгэр яр ______ ж байна.

Дасгал 2

Дараах асуух өгүүлбэрүүдэд -уул2 нөхцөлтэй үгсийг ашиглан хариулж бичээрэй.

1. Чи түүгээр юу хийлгэж байна вэ?
   - ______
2. Засварчнаар юу хийлгээ вэ?
   - ______
3. Бат Болдоор юу хийлгүүлсэн бэ?
   - ______
4. Багш чамаар юу хийлгэв?
   - ______

5. Чи эмээгээрээ оймс нэхүүлээ юу?

-

6. Дарга хэнийг дуудуулсан бэ?

-

Дасгал 3

Бусдаар үйлдүүлэх хэвийн –уул2 нөхцөлөөр хувирсан дараах үйл үгсээр өгүүлбэр зохиож бичээд уншаарай.

1. арчуул
2. зүлгүүл
3. шалгуул
4. цохуул
5. оёул
6. ирүүл

Дасгал 4

Дараах өгүүлбэрүүдэд бусдаар үйлдүүлэх хэвийн –уул2 нөхцөлийг зөв хэрэглэсэн үгсийг олоорой.

1. Чамд энэ хүнээр тусгай захиа явууллаа/явуулгах.
2. Ээжээр шинэ хувцас оёуллаа/оёууллаа.
3. Захирлаар маргааш илтгэл тавиулах/тавууллах боллоо.
4. Өвөө надаар үлгэр яруулаа/яриуллаа.

5. Багш түүгээр тоо бодууллаа/бодүүллаа.

6. Түүнд энэ захиаг харууллаа/бодууллаа шүү.

Дасгал 5

Дараах үйл үгсийг бусдаар үйлдүүлэх хэвийн –уул2 нөхцөлөөр хувиргаад өгүүлбэр зохиож бичээрэй.

1. засах- -
2. шалгах- -
3. үглэх- -
4. унтах- -
5. бичих- -
6. бэлдэх- -

Дасгал 6

Дараах өгүүлбэрүүдийн үйл үгсийг бусдаар үйлдүүлэх хэвийн -уул2 нөхцөлөөр хувиргаж өгүүлбэрийг засч бичээрэй.

1. Болд номоо уншаагүй. -
2. Дэлгэр ногоогоо зараагүй. -
3. Баяр өргөдлөө цохоогүй. -
4. Дарга намайг загнаагүй. -
5. Дорж байраа түрээслээгүй. -
6. Баатар үсээ засаагүй. -

АРВАН НЭГДҮГЭЭР ХИЧЭЭЛ

Танай ангийн хүүхдүүдээр юу хийлгэж байна вэ?

Сарнай: Чи хаа хүрээд ирэв?

Магнай: Би ангийнхаа хүүхдүүдээр сургуулийн хашаан дахь шороог зөөлгүүлээд ирлээ.

Сарнай: Тэр газрын шороог зөөлгөж яах гэж байгаа юм бол оо?

Магнай: Тэнд хурал цуглаан хийлгэх талбай засах гэж байгаа гэсэн.

Сарнай: Танай ангийн хүүхдүүдээр өөр юу хийлгэж байна вэ?

Магнай: Тэр хавийн газрын хогийг түүлгэсэн.

Сарнай: Хүүхдүүдийг урамшуулсан уу?

Магнай: Үгүй ээ, урамшуулах нь битгий хэл энэ халуунд амраагаа ч үгүй.

Сарнай: Өдөр ядаж түр амраасан биз дээ?

Магнай: Үгүй ээ. Ажлаа хүлээлгэж өгөөд л жаахан амарцгаасан.

Сарнай: Манай энэ захирал дэндүү хатуу, хүн айлгах дуртай хүн юм.

Магнай: Тийм тал заримдаа харагддаг, жаахан ааштай юм шиг ээ.

Шинэ үг

хавь ойр	주변	хэтрэх	지나치다
цалин хөлс	월급, 급여	орчлон	세상
хотойх	동그랗게 굽어지다	хөөх	와우!(감탄사)
түүх /үйл үг/	따다, 모으다	хайх	찾다
шүүх	거르다, 법원	нойтон	젖은
тэнийх	펴지다	зоох	꽂다
сойх	조련하다	уяач	조련사
түлээ	땔감	анчин	사냥꾼
тарвага	타르바간 (다람쥐과 설치류)	өнгийх	굽어보다
довийх	솟아오르다	сэргийлэх / цагдаа/	경찰
таавар	수수께끼, 뜻풀이	золбин	떠돌이
зэл	말을 묶어 놓는 줄	хүнд	무거운
цайлгах	하얗게 하다	мялаах	기원하다
цухуйх	약간 나오다, 탄로 나다	долоох /үйл үг/	핥다
нагац	외삼촌	авга	친삼촌
хадам	사돈	худ	사돈
хүргэн	사위	саваагүйтэх	방정맞게 굴다
гууль	나쁜 짓(속셈), 놋쇠		

Дүрэм

1. Бусдаар үйлдүүлэх хэвийн -лга, -лгэ, -лго, -лгө нөхцөл 사동태 -лга, -лгэ, -лго, -лгө 어미

사동태 -лга, -лгэ, -лго, -лгө 어미는 동작이나 행위를 행하는 자가 본인이 직접 하지 않고 남에게 하게끔하는 경우에 사용한다. 즉, 남에게 어떠한 일을 하게 하거나, 행하게끔하는 뜻을 표현한다. 몽골어의 구어체와 문어체에 널리 사용된다. 예를 들면, уу+лга=уулга, суу+лга=суулга, хай+лга=хайлга, зоо+лго=зоолго, гүй+лгэ=гүйлгэ, түү+лгэ=түүлгэ, хөө+лгө=хөөлгө, зөө+лгө=зөөлгө, ай+лга=айлга 등이다.

사동태 -лга, -лгэ, -лго, лгө 어미를 장모음이나 이중모음으로 끝나는 동사의 어간에 바로 연결한다. 예를 들면, хотой+лго=хотойлго, хий+лгэ=хийлгэ, заа+лга=заалга 등이다.

주의사항

1. 동작이나 행위를 행위의 주가 다른 이로 하여금 하게 함을 확인하는 뜻을 표현하는 -лга4+уул2 어미를 쓴다. 예를 들면, уу-лга+уул=уулгуулах, суу+лга+уул=суулгуулах, сой+лго+уул=сойлгуулах 등이다.
2. 드물게 동사 뒤에 -лга, -лгэ, -лго, лгө 어미가 사용되어도 사동태의 뜻을 가지지 않는 경우도 있다. 예를 들면, Би хөлөө тэнийлгэв. 나는 다리를 폈다. Хүүдээ цай уулгав. 동생에게 차를 먹였다. Сая би толгойгоо гэдийлгэв. 방금 나는 머리를 뒤로 젖혔다.

Жишээ нь:

Нэг. Бид багшаар хичээл **заалгав**.

우리가 선생님께 수업을 받았다.

Дүүгээр номоо **хайлгав**.

동생이 나의 책을 찾도록 했다.

Эмээг өвөөгөөр түшүүлж **суулгав**.

할머니를 할아버지에게 기대고 앉게 했다.

Түүнд саяхан л сүү **уулгав**.

그에게 이제서야 우유를 마시게 했다.

Аав надаас хичээлийн тухай **асуулгав**.

아버지가 나에게 공부에 관해 물어보게 했다.

Хоёр. Тэднээр өнөөдөр шинэ ажил **хийлгэсэн**.

그들에게 오늘 새로운 일을 시켰다.

Багш биднийг их хол газар **гүйлгэсэн**.

선생님이 우리를 아주 먼 거리를 달리게 했다.

Шүүхээр үнэн зөвөө **шүүлгэсэн**.

법원에서 진실과 옳음을 재판받게 했다.

Хүүхдүүдээр чулуу **түүлгэсэн**.

아이들이 돌을 줍게 했다.

Тэднээр муруй төмрүүдийг **тэнийлгүүлсэн**.

그들에게 구부러진 철들을 펴게 했다.

Гурав. Энэ газарт самбарын мод **зоолгожээ**.

이곳에 간판의 막대를 세우게 했다.

Сайн уяачаар энэ морьдыг **сойлгосон**.

실력 있는 조련사에게 이 말들을 조련하게 시켰다.

Гүүрийг энэ хэсгээр нь **хотойлгосон** байна.

다리의 이 부분을 굽게 만들었다.

Багш бидэнд хэдэн англи үг **тогтоолгосон**.

선생님이 우리에게 몇 개의 영어 단어를 외우게 했다.

Халуун байсан учир цонхоо **онгойлгосон** гэнэ.

더웠기 때문에 창문을 열었다고 한다.

Дөрөв. Найз нараараа түлээгээ **зөөлгөж** дууслаа.

친구들이 장작을 다 옮기게 했다.

Энэ олон нохойг арай гэж нэг **хөөлгөлөө**.

이 많은 개를 겨우겨우 쫓아내게 했다.

Энэ хамраар анчинг **өнгийлгөвөл** тарвага байж магадгүй.

이 언덕에 사냥꾼을 넘게 하면 타르박이 있을지도 모른다.

Түүнийг ингэж байнга **дөвийлгөж** байх хэрэг байна уу?

그를 이렇게 자주 추켜세울 필요가 있을까요?

Тав. Энэ морийг сайн **сойлгоод** наадамд уралдуулаарай.

이 말을 잘 조련하게 하고 나담경주에 내보내라.

Өнөөдөр багшаараа сайн **заалгаад** маргааш гэртээ сууж давтаарай.

오늘 선생님께 잘 배우고 내일 집에 가서 복습해라.

Энэ хүмүүсээр ажил сайн **хийлгээд** цалинг нь цагт нь өгөөрэй.

이 사람들을 일을 잘 시키고 급여를 제때 주세요.

Асуудлыг аавд нь **дуулгаад** түүнийг нааш нь дуудаарай.

문제를 아버지에게 알리고 그를 이리로 부르세요.

Хүүхдүүдийг **айлгаснаас** болж тэд сайн унтаж чадсангүй.

아이들을 놀라게 해서 그들은 잠을 잘 못 잤다.

Зургаа Түүгээр гүү **саалгах** хэрэгтэй байна.

그가 말 젖을 짜게 해야 한다.

Сэргийлэхээр энэ хэргийг **шүүлгэхийг** хүсч байна.

경찰에게 이 사건을 찾도록 맡기고 싶다.

Хүүхдээр оньсого таавар **таалгах** хэрэгтэй.

아이가 수수께끼를 풀게 해야 한다.

Эмээгийн эмийг **уулгах** цаг болсон байна.

할머니께서 약을 드실 시간이 되었다.

Өнөөдөр хувцасаа **угаалгах** хэрэгтэй байна.

오늘 옷을 빨래하게 해야 한다.

Эхийг уншаарай

Аав биднийг ажил сайн хийлгэж сургасан болохоор одоо сайхан амьдарч байна. Өглөө эрт босгоод заавал гүйлгэдэг байсан. Дараа нь худгаас ус зөөлгөж, худгийн хүйтэн ус уулгаж, гар нүүр угаалгадаг. Надаар дуу шүлэг цээжлүүлж, орой оньсого, таавар таалгадаг байсан нь надад сайнаар нөлөөлсөн. Хааяа бид ааваас нуугдаж саваагүйтвэл түүнийг мэдээд "Та нар битгий гуулиа цухуйлгаад бай!" гэж загнадаг. "Гуулиа цухуйлгана" гэдэг нь үнэн мөн чанараа таниулахыг хэлж байгаа юм.

Дасгал ажил

Дасгал 1

Цэгийн оронд бусдаар үйлдүүлэх хэвийн -лга4 нөхцөлийг нөхөж бичээрэй.

1. Хүүхдүүдээр хичээл хий в.
2. Тэднээр ус зөө в.
3. Энд самбарууд зоо в.
4. Тэднийг энд суу в.
5. Баярт архи уу в.
6. Жаалууд золбин нохойд хөө в.

Дасгал 2

Дараах өгүүлбэрт –лга4 нөхцөлийг ашиглан хариулж бичээрэй.

1. Чи найзаараа юу хийлгэсэн бэ?
   -
2. Биеийн тамирын хичээл дээр юу хийлгэсэн бэ?
   -
   - Ээж эгчээр өдөр зэлэн дээр юу хийлгэсэн бэ?
   -
3. Доржийнхыг хэнийхтэй буулгасан бэ?
   -

4. Багш оюутнуудаар юу зөөлгөсөн бэ?

-

5. Юм угаах газар чамаар юу хийлгэхээр болсон бэ?

-

Дасгал 3

Бусдаар үйлдүүлэх хэвийн –лга4 нөхцөлөөр хувирсан дараах үйл үгсээр өгүүлбэр зохиож бичээд уншаарай.

1. гүйлгэ

-

2. зөөлгө

-

3. суулга

-

4. тогтоолго

-

5. угаалга

-

6. тэнийлгэ

-

Дасгал 4

Дараах өгүүлбэрүүдэд бусдаар үйлдүүлэх хэвийн -лга4 нөхцөлийг зөв хэрэглэсэн үгсийг олоорой.

1. Оюутнуудаар хичээл сайн хийлгэх/давтуулах хэрэгтэй.
2. Цэргүүдээр хүнд чулуу өргүүлэх/зөөлгөх хэрэггүй.
3. Шүүхээр түүний үнэн мөнийг тогтоолгох/шалгуулах хэрэгтэй.
4. Өвөө биднээр таавар таалгах/хэлүүлэх дуртай.
5. Чи хүнийг зүгээр байлгах/суулгах тун дургүй юм аа.
6. Тэдний гарыг мялаах/цайлгах хэрэгтэй.

Дасгал 5

Дараах үйл үгсийг бусдаар үйлдүүлэх хэвийн -лга4 нөхцөлөөр хувиргаад өгүүлбэр зохиож бичээрэй.

1. цухуй - -
2. хөө - -
3. өндий - -
4. суу - -
5. долоо - -
6. хотой - -

Дасгал 6

Дараах өгүүлбэрүүдийн үйл үгсийг бусдаар үйлдүүлэх хэвийн -лга4 нөхцөлөөр хувиргаж өгүүлбэрийг засч бичээрэй.

1. Бэр маань үүнийг асуусан.

 -

2. Нагац маань ажил хийсэн.

 -

3. Авга маань энд суусан.

 -

4. Хадам маань ус зөөсөн.

 -

5. Худ маань морь сойсон.

 -

6. Хүргэн маань айраг уусан.

 -

ТЭМДЭГЛЭЛ

АРВАН ХОЁРДУГААР ХИЧЭЭЛ

Юунд ээжийн чинь санаа нь зовоод байдаг юм бол оо?

Магнай: Сарнай минь ээжийгээ ингэж зовоох хэрэг байна уу?

Сарнай: Тэгэж их зовоогоод байгаа юм байхгүй ээ. Хаяя л жаахан оройтохоор ээж сүр бадраагаад байх юм.

Магнай: Өөр гэмгүй юм бол ээж тань яагаад ингэж уурладаг юм бол?

Сарнай: Мэдэхгүй ээ. Хаяя жаахан санаа нь зовсондоо уур нь хүрдэг юм болов уу даа.

Магнай: Юунд санаа нь зовоод байдаг юм бол оо?

Сарнай: Манай гэрийнхэн хамаг ажлаа ээжид даатгаад байдаг болохоор л.

Магнай: Чи тэгвэл гэрийнхэндээ энэ асуудлаа хэлж ойлгуулмаар юм байна даа.

Сарнай: Харин тиймээ. Би удахгүй бүгдэд нь сайн хэлнэ ээ.

Магнай: Хүн ер нь ээжийгээ уурлуулах муу юм гэсэн шүү!

Сарнай: Тийм гэсэн. Наад асуудлыг чинь бодоод л байна. Гэхдээ юм санаснаар болохгүй юм.

Магнай: Бүх юм санаснаар бүтнэ ч гэж юу байхав. Гэхдээ л ээжийнхээ сэтгэл санааг зовоож болохгүй дээ.

Сарнай: За, ойлголоо. Баярлалаа.

Шинэ үг

сүртэй	웅장하다	үргэх	놀라 도망가다
бадрах	솟구치다, 번영하다	үймэх	북적대다
уур	화, 노여움	уур хүрэх	화가 나다
даатгах	맡기다	ойлгуулах	이해시키다
хөлдөөх	얼리다	хөгжөөх	즐겁게 하다
түгээх	나눠주다, 배급하다	бэлчээх	방목하다
зуух	물다	нарны эрт	오전 일찍
сөнөөх	없애다, 파멸시키다	хошин	방자, 개그, 코믹
өдөөх	부추기다, 선동하다	элэг	간
элэг хөшөөх	배꼽 빠지도록 (웃게 하다)		
шар нар, бор хоног /өдөр, шөнө/		하루 벌어 하루를 겨우 지내다/ 낮과 밤	

Дүрэм

1. Өөрөө хийгээд бусдаар үйлдүүлэх хэвийн -аа, -ээ, -оо, -өө нөхцөл
사동태의 **-аа, -ээ, -оо, -өө** 어미

사동태 -аа, -ээ, -оо, -өө 어미를 동작이나 행위를 행하는 주가 직접 혹은 남으로 하여금 행하게 하는 경우에 쓴다. 즉, 동작이나 행위를 직접 하거나 행하는 경우, 혹은 남으로 하여금 무엇을 하게 하거나 행하게끔 만든 뜻을 표현한다. 단, 사동태의 뜻을 표현할 때 뒤에 –лга4 어미를 반드시 붙여야 하는 것이 특징이다. 즉, 단독으로 –аа 어미가 있을 경우 행하는 뜻을 가리키지만 –аа4+-лга4 어미를 붙여야만 사동태가 된다는 뜻이다. 몽골어의 구어체와 문어체에 극소수의 단어에 이 어미를 붙여 사용 한다. 예를 들면, ас+аа=асаа → асаа+лга=асаалга, сэр+ээ=сэрээ → сэрээ+лгэ=сэрээлгэ, зов+оо=зовоо → зовоо+лго=зовоолго, хөлд+өө=хөлдөө → хөлдөө+лгө=хөлдөөлгө 등이다.

동사의 태의 -аа, -ээ, -оо, -өө 어미를 단모음과 자음으로 끝나는 단어에 바로 연결하여 쓴다. 예를 들면, шат+аа=шатаа, бэлч+ээ=бэлчээ, түг+ээ=түгээ, зогс+оо=зогсоо, өд+өө=өдөө, сөнө+өө=сөнөө хат+аа= хатаа 등이다.

 Жишээ нь:

Нэг. Би хурдан галаа ас**аа**гаад ирье.

내가 빨리 불을 피워 올게.

Энэ онгоцонд ачааг багт**аа**х хэрэгтэй.

이 비행기에 짐을 들어가게 해야 한다.

Бат л хааяа биднийг ингэж хөгж**өө**х юм.

바트만이 가끔 우리를 이렇게 즐겁게 해주네.

Түүнийг ингэж гомд**оо**х хэрэггүй шүү.

그를 이렇게 섭섭하게 하지 마라.

Би түүнийг гут**аа**гаагүй шүү дээ!

내가 그를 모욕하지 않았는데!

Хоёр. Би хурдан галаа ас**аалга**ад ирье.

내가 불을 빨리 피우고 올게.

Энэ онгоцонд ачааг багт**аалга**х хэрэгтэй.

이 비행기에 짐을 들어가게 시켜야 한다.

Бат л хааяа биднийг ингэж хөгж**өөлгө**х юм.

바트만이 가끔 우리를 이렇게 즐겁도록 해주네.

Би түүнийг гут**аалга**агүй шүү дээ!

내가 그를 모욕 당하도록 하지 않았는데!

Гурав. Би зуухан дээр цай хал**аасан**.

내가 난로에서 차를 데웠다.

Энэ зарлалыг хурдан түг**ээ**х хэрэгтэй байна.

이 광고를 빨리 보급해야 한다.

Хотод гарсан бослогыг хурдан зогс**оо**х хэрэгтэй.

도시에 일어난 반란을 빨리 진압해야 한다.

Дайсны талын төв байрыг даруй сөн**өө**х хэрэгтэй.

적의 중앙 통제실을 빨리 없애야 한다.

Дөрөв. Би зуухан дээр цай хал**аалгасан**.

내가 난로에서 차를 데우게 했다.

Энэ зарлалыг хурдан түг**ээлгэ**х хэрэгтэй байна.

이 광고를 빨리 보급하도록 해야 한다.

Хотод гарсан бослогыг хурдан зогс**оолго**х хэрэгтэй.

도시에서 일어난 반란을 빨리 진압하도록 해야 한다.

Дайсны талын төв байрыг хурдан сөн**өөлгө**х хэрэгтэй.

적의 중앙 통제실을 빨리 없애도록 해야 한다.

Тав. Малаа нарны эртэд бэлч**ээ**вэл сайн байдаг.

가축을 아침 일찍 방목하게 하면 좋다.

Ууланд гарсан түймрийг хурдан унтр**аа**вал сайн байна.

산에 난 화재를 빨리 진압하면 좋겠다.

Хэрэггүй цаасыг цаг тухайд нь шат**аа**ж байх хэрэгтэй.

필요 없는 종이를 그때그때 태워야 한다.

Энэ зайрмагийг хөлд**өө**вөл улам амттай болно.

이 아이스크림을 얼리면 더 맛있어진다.

Хошин зүйл ярьж элэг хөш**өө**х хэрэг байна уу даа!

배꼽 빠지게 웃긴 얘기를 할 필요가 있을까?

Зургаа. Малаа нарны эртэд бэлч**ээлгэ**вэл сайн байдаг.

가축을 아침 일찍 방목하도록 하는 것이 좋다.

Ууланд гарсан түймрийг хурдан унтр**аалга**вал сайн байна.

산에 난 화재를 빨리 진압하도록 하는 것이 좋겠다.

Хэрэггүй цаасыг цаг тухайд нь шат**аалга**ж байх хэрэгтэй.

필요없는 종이를 그때그때 태우도록 해야 한다.

Энэ зайрмагийг хөлд**өөлгө**вөл улам амттай болно.

이 아이스크림을 얼리게 하면 더욱 맛있어진다.

Эхийг уншаарай

Зарим хүмүүсийн шударга бус явдлыг зогсоох хэрэгтэй. Өөрийн бурууг бусдад амархан нялзаадаг хэрнээ бусдын гавьяаг юман чинээ бодохгүй юм. Ийм хүмүүсийг харахаар өмнөөс нь нүүр халаад байдаг. Хүний буруу үйлдлийг цаг тухайд нь зогсоож байх нь зөв юм. Өөрөө зогсоож чаддаггүй юм бол чаддаг хүнээр нь зогсоолгож байх хэрэгтэй. Юу ч болоогүй юм шиг зүгээр л өнгөрөөгөөд байхаар тэд улам л хэтрээд байх янзтай.

Дасгал ажил

Дасгал 1

Цэгийн оронд өөрөө хийгээд бусдаар үйлдүүлэх хэвийн -аа, -ээ, -оо, -өө нөхцө лийг зөв тохирохыг нөхөж бичээрэй.

1. Түүний уурыг ас   х хэрэггүй шүү!
2. Салхитайд юм шат   х аюултай шүү!
3. Тэдний урмыг сайн сэрг   ж өгөх хэрэгтэй.
4. Болд угаасан юмаа хат   ж байна.
5. Энэ машиныг зогс   х хэрэг байна.
6. Түүнийг ингэж арьс махтай нь хат   х хэрэг байна уу даа!

Дасгал 2

Зөв үгийг сонгож өгүүлбэрийг гүйцээж бичээрэй.

1. Осол гарсан тул машиныг хурдан   .

   зогсоо　　　буцаа

   асаа　　　согтоо

2. Машинаа хурдан   .

   зогсоо　　　эргүүл

   асаа　　　сэрээ

3. Хүүхдүүдээ өглөө эрт ______ байгаарай.

зовоож　　сэрээж

хатааж　　өнгөрөөж

4. Түүнийг ирэхээр маш хурдан ______.

хураа　　тогтоо

буцаа　　шатаа

5. Энэ тарган хүмүүсийг хурдан ______ сайн байна.

тогтоовол　　шатаавал

сэрээвэл　　тураавал

6. Харанхуй болж байна. Гэрлээ ______.

зогсоо　　амараа

асаа　　шатаа

Дасгал 3

Дараах үйл үгсийг хэвийн –аа4 нахцөлөөр хувиргаад өгүүлбэр зохиож бичээрэй.

1. унтрах

-

2. халах

-

3. зовох

-

4. сэрэх

-

5. түгэх

-

6. хөлдөх

-

Дасгал 4

Дараах өгүүлбэрүүдийн хэвийн –аа4 нөхцөлтэй үгсийг бусдаар үйлдүүлэх утгатай болгон хувиргаад өгүүлбэрийг засч бичээрэй.

1. Би цаас шатаасан.

-

2. Цагдаа цуглааныг тараасан.

-

3. Дайсны онгоцыг сөнөөсөн.

-

4. Би угаасан хувцасаа хатаасан.

-

5. Өвөөг би сэрээсэн.

-

6. Шөнө галаа асаасан.

-

Дасгал 5

Дараах үйл үгсийг хэвийн –аа4 нөхцөлөөр хувиргаад өгүүлбэр зохиож бичээрэй.

1. буцах- -
2. үргэх- -
3. унтрах- -
4. ширгэх- -
5. өнгөрөх- -
6. гутах- -

Дасгал 6

Дараах үйл үгсийг хэвийн –аа4+лга4 хэлбэрт хувирган бусдаар үйлдүүлэх утгатай болгоод өгүүлбэрт оруулж бичээрэй.

1. халах
   -
2. хурах
   -
3. сэрэх
   -
4. унтрах
   -
5. хатах
   -
6. гутах
   -

ТЭМДЭГЛЭЛ

АРВАН ГУРАВДУГААР ХИЧЭЭЛ

Ойрдоо ээж минь санагдаад байна.

Сарнай: Бие чинь зүгээр үү? Яасан ядрангуй харагдаж байна аа?

Магнай: Сайн. Чи сайн биз дээ? Миний бие зүгээр ээ. Харин ойрдоо ээж минь санагдаад байна.

Сарнай: Би дажгүй ээ. Чи ойрдоо ээжтэйгээ утсаар ярьсан уу? Бие нь зүгээр байгаа? Хүнд зөн совин гэж нэг юм бий шүү дээ! Байнга бодогдоод байгаа бол чи дариухан яриарай!

Магнай: Харин тийм ээ. Өнөөдөр хичээл тараад л ярих бодолтой байна.

Сарнай: Чи хамгийн сүүлд ээжтэйгээ хэзээ ярьсан бэ?

Магнай: 7 хоногийн өмнө ярьсан. Манай ээж ч уг нь их анхуухан хүн л дээ. Уулзаагүй удсан болохоор надад л санагдаад байгаа байх аа. Энэ өвлийн амралтаараа очиж уулзах бодолтой байгаа.

Сарнай: Тийм байж болно оо. Чи ээждээ өвөл очих тухайгаа мэдэгдсэн үү?

Магнай: Одоогоор мэдэгдээгүй байгаа. Өвлийн амралтаа дөхүүлж байгаад л хэлье гэж бодож байна.

Сарнай: Ер нь хэн нэгнийг санах бас хэцүү шүү! Байнга нүдэнд үзэгдээд л.

Магнай: Харин тийм ээ. Чи хаа хүрэхээр явж байна вэ?

Сарнай: Би шинэ нээгдсэн дэлгүүрийг сонирхохоор явж байна.

Магнай: За гэгвэл түр баяртай, гоё юм байвал надад хэлээрэй.

Шинэ үг

таару	좋지 않은, 변변치 못한	санагдах	생각이 나다, 여기다
зөн совин	예감	дариу	당장, 즉시
анууxан	정정한	хянуур	신중하다
мэдэгдэх	알리다	дөхүүлэх	가까워지게 하다, 데려다 주다
мэдрэгдэх	느껴지다	ад /шоо/	홀대하다
халдах	공격하다, 공격을 가하다	автах	빠지다
хэлбэржих	형태를 갖추다	хоригдох	갇히다
мөрдөгдөх	심사를 받다	анзаарагдах	눈에 띄다
хадагдах	박히다	байгуулагдах	만들어지다, 설립되다
нямбай	꼼꼼하다	тусархуу	배려 많은
шаардагдах	요구되다, 청구되다	хэрэг төвөг	사건, 사고
урагдах	찢어지다	гай /зовлон/	재앙
ач буян	은덕	нас ахих	나잇살 먹다
өргөө /орд/	궁궐	эвэрших	굳은살이 박이다
хаях	버리다	торойх	멀리 동떨어져 보이다
элс	모래	толгод	언덕들
энгэр	접은 옷깃	алга	손바닥
зарах	팔다	ган	가뭄

Дүрэм

1. Бусдын эрхэнд үйлдэгдэх хэвийн –гд (-д, -т) нөхцөл
피동태의 -гд (-д, -т) 어미

피동태 -гд (-д, -т) 어미를 동작이나 행위의 주가 동작이나 행위를 당하는 것에 지배를 받는 뜻을 표현할 때 쓴다. 즉, 당하거나 혹은 갑자기 느껴지는 등의 경우이다. 몽골어의 구어체나 문어체에서 자주볼 수 없는 어미 하나이다. 예를 들면, сана+гд=санагд, бод+гд=бодогд, таал+гд=таалагд, үз+гд=үзэгд, нээ+гд=нээгд 등이다.

피동태 -гд (-д, -т) 어미를 모음으로 끝나는 동사의 어간에 바로 연결하여 쓴다. 예를 들면, барь+гд=баригд, хар+гд=харагд 등이다.

피동태 -гд 뒤의 -уул2 어미로 사통태의 뜻을 표현하는 경우도 있다. 예를 들면, бар+гд+уул=барагдуул, нэм+гд+үүл=нэмэгдүүл 등이다.

피동태 -д 어미를 -л, -с- 로 끝나는 소수의 동사에 바로 연결하여 쓴다. 예를 들면, ол+д=олд, хал+д=халд 등이다.

피동태 -т 어미를오직 -в 자음으로 끝나는 소수의 동사에 바로 연결하여 쓴다. 예를 들면, ав+т=автах 등이다.

주의사항

어미의 뜻을 바로 표현하는 단어에 이 태의 어미를 바로 연결하여 쓸 수 없는 것이 특징이다. 이는 피동태 어미로 아주 소수의 동사가 적용된다는 뜻이다. 예를 들면, зураг үзэгдэх, хоол идэгдэх, ном уншигдах, хичээл хийгдэх, хичээлд суугдах, гутал өмсөгдөх, захиа бичигдэх 등으로 쓰거나 말해서는 안 된다.

Жишээ нь:

Нэг. Ээж минь ойрдоо их **санагдаж** байна.

나의 어머니가 요즘 자주 생각이 난다.

Сүүлийн үед аав минь **бодогдоод** байх юм.

최근에 나의 아버지 생각이 자주 난다.

Дүү маань нүдэнд **үзэгдээд** байна.

나의 동생이 눈에 밟힌다.

Сургуулиа төгссөн тухайгаа гэрийнхэндээ **мэдэгдэх** хэрэгтэй.

학교를 졸업한 것에 대해 집에 알려야 한다.

Шалгалтанд хуулбал багшид **баригдана**.

시험 중에 커닝하면 선생님께 걸린다.

Хоёр. Хаалга **нээгдэхээр** машинаа оруулаарай.

문이 열리면 차에 들어가게 해라.

Энэ байранд **агуулагдах** зүйлс бүгд шинэ.

이 집에 들어 있을 모든 것들이 새것이다.

Энд ингэж **хоригдож** байхаар гадаа гаръя.

여기에 이렇게 갇혀 있을 바에 밖에 나가자.

Шалгалтанд **асуугдах** ч заримдаа хэцүү шүү.

시험 문제를 푸는 것이 어렵다.

Энд ингэж ад **үзэгдэж** байхаар холдсон нь дээр.

여기에서 이렇게 멸시당할 바에 떨어지는 것이 낫다.

Гурав. Өнөөдрөөс оюутнуудад шинэ дүрэм **мөрдөгдөнө**.

오늘부터 학생들에게 새로운 규정이 적용된다.

Энэ маргааш **нээгдэх** шинэ дэлгүүр.

여기에 내일 열릴 새로운 가게.

Тэр сүүлийн үед олонд **анзаарагдах** болсон.

그가 최근에 대중에 인지도가 생겼다.

Наад зүйл чинь надад **мартагдсан** байна.

이것은 나에게 잊혀졌다.

Чи сүүлийн үед нэг л **бодогдоод** байх болжээ.

네가 최근에 어쩐지 생각이 났다.

Дөрөв. Ингэж нэг суурин дээр **хадагдаж** байхаар гадуур гараач!

이렇게 한 곳에 박혀 있을 바에 밖에 나가라!

Энэ багшийн муухай ааш зан олонд **ажиглагдаж** эхэлсэн.

이 선생님의 나쁜 성격이 밖에 알려지기 시작했다.

Энэ байр их эрт үед **баригдсан** тул одоо хуучирсан.

이 집이 아주 오래전에 지어져서 지금은 낡았다.

Манай сургууль 1954онд **байгуулагдсан** түүхтэй.

우리 학교는 1954년에 설립된 역사가 있다.

Энэ үг нэг их **хэрэглэгдэхээ** больсон хуучин үг байна.

이 단어는 자주 사용 되지 않게 된 고어이다.

Тав. Гар минь **түлэгдсэн** учир юм хийж болохгүй байна.

나의 손이 화상을 입었기 때문에 아무것도 할 수가 없다.

Тэр ааштай охинтой нэр **холбогдсондоо** харамсаж байна.

그 성격이 있는 여자애와 이름이 관련된 것이 후회된다.

Энэ дэлгүүр удахгүй бүрмөсөн **хаагдах** гэж байгаа юм.

이 가게는 곧 완전히 문을 닫게 될 것이다.

Түүнийг хянуур нямбай зан надад аль эрт **анзаарагдсан**.

그의 꼼꼼한 성격이 예전부터 나에게 보여졌다.

Түүний тусархуу үнэнч сэтгэл олонд **таалагдсан**.

그의 남을 잘 돕는 성실한 마음을 주변 사람들이 좋아한다.

Зургаа. Уруу газар луу **шааригдах** сайхан байдаг.

내리막길을 따라 내려가는 것이 좋다.

Аймшигтай гэмт хэргийн тухай сонсохоор

сэтгэл **урагдах** юм.

무서운 범죄 사건에 대해 들으면 가슴이 찢어진다.

Олон газар яваад их юм сурахаар хүний нүд **нээгддэг**.

여러 곳을 다녀 많은 것을 배우면 사람의 견문이 넓어진다.

Надад тусласан хүмүүсийн ач буян үргэлж **санагдаж** явдаг.

나를 도와준 사람들의 은혜를 늘 기억하며 산다.

Эхийг уншаарай

Сүүлийн үеийн залуусын зан ааш өөрчлөгдөж, эрдэм боловсролтой болоод амар танигдахаа байжээ. Хуучин цагт бол хэдэн үг солиод л шууд танигддаг байв. Хүн хүнээ сайн мэддэг, хүн хүнийхээ төлөө байсан тэр үе их л үгүйлэгдэх болжээ. Хөгжил, боловсрол гэдэг хуучны сайхан зүйл мартагдахын нэр биш л байлтай. Монголчуудын "Ган болоход булгийн сайн мэдэгддэг, гай болоход нөхрийн сайн танигддаг" гэсэн үг их үнэн үг аж. Хүн уг нь сэтгэлээрээ амьдардаг амьтны хувьд бие биедээ туслаж, бие биедээ танигдаж, нэг нэгнийгээ боддог үгүйлдэг байвал зүгээрсэн.

Дасгал ажил

Дасгал 1

Дараах өгүүлбэрүүдийн үйл үгсийг бусдын эрхэнд үйлдэгдэх хэвийн нөхцөлөөр хувиргаж бичээрэй.

1. Одоо л миний нүд нээ ________ эж байх шиг байна.
2. Нас ахиад нутаг орон бодо ________ оод байх болжээ.
3. Түүнээс олон сайн чанар ажигла ________ аж байна.
4. Зарим хүн муу хэлэ ________ эж суухдаа огт тоодоггүй.
5. Энэ өргөө шинээр бари ________ аж байгаа юм байна.
6. Энэ сургууль эрт дээр үед байгуула ________ сан.

Дасгал 2

Дараах асуултад -гд нөхцөлийг ашиглан зөв хариулж бичээрэй.

1. Энэ өндөр юу вэ?
   - ________
2. Чи яагаад уруу царайлаад байна аа?
   - ________

3. Хулгана мууранд яадаг вэ?

-

4. Энэ зооринд юу агуулагдаж байгаа вэ?

-

5. Чамд юу харагдаж байна вэ?

-

6. Тэр хүн яагаад муу хэлэгдсэн бэ?

-

Дасгал 3

Дараах үгсийг -гд нөхцөлөөр хувиргаад өгүүлбэр зохиож бичээрэй.

1. хаях - -
2. урах - -
3. хэвлэх - -
4. солих - -
5. мартах - -
6. өөрчлөх - -

Дасгал 4

Дараах өгүүлбэрүүдээс бусдын эрхэнд үйлдэгдэх хэвийн нөхцөлийг зөв хэрэглэсэн үгсийг олоорой.

1. Надад солонгос үндэсний хоол их бодогдож / бодож байна.

2. Танай сургууль хэдэн онд байгуулсан / байгуулагдсан бэ?
3. Тэр сонин амьтан олон хүнд үзэгдсэн / үзүүлсэн байна.
4. Танд нутаг тань сануулж / санагдаж байна уу?
5. Энэ ангид ямар сургалт хийдэг / явагддаг вэ?
6. Олон зуун жилийн өмнөх тэр үйл явдал түүхэнд тэмдэглэн / тэмдэглэгдэн үлджээ.

Дасгал 5

Дараах дууны шүлгээс бусдын эрхэнд үйлдэгдэх хэвийн нөхцөлтэй үгийг олж тэмдэглээрэй. Мөн уг дууны шүлгийг уншиж ойлгоод, цээжлээрэй.

Үг, ая Д. Жаргалсайхан

Харийн нутаг давчдаад байна

Элстэй толгод минь зүүдлэгдээд байна

Ээжий минь торойн харагдаад байна

Эвэршсэн алга нь бодогдоод байна

Энгэрийнх нь үнэр санагдаад байна

Дасгал 6

Дараах өгүүлбэрүүдийн үйл үгсийг бусдын эрхэнд үйлдэгдэх хэвийн нөхцөлөөр хувиргаж өгүүлбэрийг засч бичээрэй.

1. Энэ сандалыг засах болов уу?

   -

2. Энэ цонхыг нээх болов уу?

   -

3. Тэр өнөөдөр асуух болов уу?

   -

4. Тэр машиныг зарах болов уу?

   -

5. Энэ өргөсийг авах болов уу?

   -

6. Тэр биднийг санах болов уу?

   -

тэмдэглэл

АРВАН ДӨРӨВДҮГЭЭР ХИЧЭЭЛ

Талбай дээр юун залуус ориролдоод байна аа?

Сарнай: Чи хаанаас ирэв ээ?

Магнай: Би сургуулийн өмнөх талбайгаас ирлээ.

Сарнай: Тэр талбай дээр юун залуус орилолдоод байна аа?

Магнай: Тэнд спортын тэмцээнд бэлдэж байгаа залуус барилдаад, ноцолдоод байна лээ.

Сарнай: Тэгээд ямар их хашгиралддаг юм бэ?

Магнай: Бэлтгэл болж байна, болохгүй байна гээд л маргалдаад байгаа бололтой.

Сарнай: Мартсанаас чиний бэлтгэл ханасан биз дээ?

Магнай: Миний бэлтгэл бүрэн ханасан. Надтай өрсөлдөх хүн бараг гарахгүй биз дээ, хэхэ

Сарнай: Тийм дээ. Дэлхийн аваргатай хэн л өрсөлдөв гэж.

Магнай: Чи харин ямар нэг тэмцээнд орохгүй юм уу?

Сарнай: Манай ангийнхан намайг эмэгтэйчүүдийн барилдаанд ор гээд байгаа. Тиймд оролдоод үзэхээс.

Магнай: Сайн байна. Амжилт хүсье!

Шинэ үг

орилолдох	왁자지껄하다	ноцолдох	서로 엉켜 싸우다, 놀다
хашгиралдах	함성	бэлтгэл	훈련
тэврэлдэх	부둥켜안다	тааралдах	마주치다
шуугилдах	술렁대다	маргалдах	말다툼하다
сүйд	난리, 피해	гүрэн	제국
уяа /морины/	끈, 밧줄(말의고삐)	яс	뼈
булаалдах	충돌하다, 다투다	цохилдуулах	싸우게 하다, 다투게 하다
шар /үхэр/	황소	мөргөлдөх	맞부딪히다
хулигаан	깡패	сөргөлдөх	말대답하다
шуугилдах	술렁대다	тулалдах	맞서 싸우다
байлдах	싸우다, 전투하다	наалдах	붙다
эрүү	턱		
Агаа /ах хүнийг авгайлж дуудах үг/	형(남자의 경우), 오빠(여자의 경우)		
Эгээ /эгч хүнийг авгайлж дуудах үг/	누나(남자의 경우), 언니(여자의 경우)		

Дүрэм

1. Харилцан үйлдэлдэх /үйлдэх/ хэвийн -лд нөхцөл 협동태의 -лд 어미

협동태 -лд 어미를 동작이나 행위 주인들의 행위에 참여하는 참여도 및 사건의 관계를 표현할 때 쓴다. 몽골어의 구어체와 문어체에 심심치 않게 사용된다. 예를 들면, барь+лд=барилд, тэвэр+лд=тэврэлд, таар+лд=тааралд, тул+лд=тулалд, ноц+лд=ноцолд 등이다.

협동태의 -лд 어미를 тусах, эс тусах 어떠한 동사의 뒤에 바로 연결하여 쓴다. 예를 들면, уйл+лд=уйлалд, шуугь+лд=шуугилд 등이다.

협동태 어미뒤에 -уул2 어미를 붙여 사동태의 뜻을 표현하기도 한다. 예를 들면, барь+лд+уул=барилдуул, мөргө+лд+үүл=мөргөлдүүл, зод+лд+уул=зодолдуул 등이다.

주의사항

기타 다른 태의 어미들과 마찬가지 모든 동사는 이 태의 어미가 적용되지 않는다. 예를 들면, ярь+лд=ярилд, мэд+лд=мэдэлд, уу+лд=уулд 등으로 말하거나 쓰면 안 된다.

Жишээ нь:

Нэг. Монголын наадмаар олон бөх **барилдав**.

몽골 나담때 많은 씨름 선수들이 시합했다.

Гадаа хүүхдүүд **ноцолдож** байна.

밖에 아이들이 서로 몸싸움을 벌이고 있다.

Тэр хоёр хүн **хэрэлдээд** байгаа бололтой.

그 두 사람이 싸우는 것 같다.

Тэд ингэж **маргалдах** хэрэггүй дээ.

그들이 그렇게 싸울 필요가 없을 텐데.

Уулзалгүй удсан болохоор **уйлалдаад** сүйд болж байна.

오랫동안 만나지 못했기에 서로 우느라 정신이 없다.

Хоёр. Эгээ агаатай өчигдөр зуслан дээр **тааралдсан** гэнэ.

누나가 형이랑 어제 휴양지에서 만났다고 한다.

Ээж хүү хоёр **тэврэлдэн** уулзав.

어머니와 아들은 마주 안으면서 서로 반겼다.

Тэнд чацуу хоёр жаал **ноцолдож** байна.

거기에서 동갑 녀석들이 몸싸움을 벌이면서 논다.

Миний хувцас чиний хувцастай **холилдсон** байна.

너의 옷과 나의 옷이 섞여 있다.

Энэ жаалууд байнга ингэж **байлдаж** тоглож байх юм.

이 녀석들이 늘 이렇게 싸우는 놀이를 하곤 한다.

Хоёр их гүрэн **байлдвал** хэцүү юм болно.

큰 대제국이 서로 싸우면 어려운 상황이 벌어진다.

Гурав. Тэд нэг л их **хөхрөлдсөн** хүмүүс байх юм.

그들은 괜히 많이 깔깔대고 웃는 사람들로 보인다.

Энэ хоёр **зодолдвол** насны юм болно доо.

이 두 사람이 서로 싸우면 끝이 없을 것이다.

Тэд **инээлдээд** их л жаргалтай байгаа бололтой.

그들이 웃는 것을 보니 마냥 행복하기만 한 것 같다.

Саяхан л **инээлдээд** байсан одоо **уйлалдаад** уналаа.

방금 웃고들 있더니 지금은 울고들 있네.

Маргааш **уралдуулах** морьд энэ уяан дээр байна.

내일 경주에 나갈 말들이 이곳에 있다.

Дөрөв. Та нар яс **булаалдсан** нохой шиг битгий ингэж

бай!

너희들이 뼈를 서로 뺏으려는 개처럼 그러지 좀 마!

Залуу улс **тэврэлдээ** л биз, юун сүртэй юм!

젊은 사람들이 껴안을 수 도 있지, 뭐가 대순가!

Чадахгүй нь хамаагүй, **оролдоод** үз!

못해도 상관없으니, 해봐!

Түүнтэй байнга энд **тааралдах** муу шүү!

그와 늘 여기에서 마주치는 것은 안 좋다!

Тэднээс **цохилдуулан** асуугаад үзээрэй.

그들을 떠보고 물어봐라.

Тав. Хэдэн том шар **мөргөлдөж** байна.

몇 마리의 큰 황소들이 서로 뿔을 겨루고 있다.

Хэдэн хурдан морь **уралдаж** байна.

몇 마리의 경주마들이 시합을 벌이고 있다.

Хэдэн сайн бөх **барилдаж** байна.

몇 명의 씨름 선수들이 씨름을 하고 있다.

Хэдэн дүрсгүй жаал **ноцолдож** байна.

몇 명의 개구쟁이 아이들이 놀고 있다.

Хэдэн хулигаан залуу **зодолдож** байна.

몇 명의 깡패들이 싸우고 있다.

Зургаа. Хос залуус **тэврэлдээд** сууж байна.

젊은 커플이 서로 끌어안고 앉아 있다.

Аав хүү хоёр **тэврэлдэн үнсэлдээд** уулзлаа.

부자가 서로 끌어안고 인사하고 만났다.

Манай цэргүүд дайсны цэргүүдтэй ширүүн **тулалдсан** гэнэ.

우리 군인들이 원수들과 엄한 싸움을 했다고 합니다.

Манай ангийн Сүхээ багштай **маргалдаад** байсан.

우리 반 수헤가 선생님과 논의를 하고 있었다.

Энэ хоёр сүүлийн үед ингээд **сөргөлдөөд** байдаг болсон.

이 둘이 최근에 이렇게 서로 대립하여 다투게 되었다.

Эхийг уншаарай

Би сүүлийн үед монгол хэл сурахаар идэвхтэй оролдож байна. Өмнө нь цаг гарвал найзуудтайгаа уулзаж барилдаж ноцолдоод, орилолдон хашгиралдаж байдаг байсан бол одоо зөвхөн монгол хэлний хичээлээ хийдэг болсон. Их хичээл хийгээд суугаад байхаар заримдаа хэн нэгэнтэй уулзаж, хөгжилтэй зүйл ярьж инээлдэхийг хүсэх юм. Өчигдөр шинэ ном худалдаж авахаар дэлгүүр лүү явж байгаад Сүхээтэй дайралдаж бага зэрэг хуучилсан. Сүхээгийн нүд хөхөрсөн байхаар учрыг нь асуутал тэр согтуу хүнтэй зодолдсон гэж байна лээ.

Дасгал ажил

Дасгал 1

Дараах өгүүлбэрүүдийн үйл үгсийг харилцан үйлдэлдэх /үйлдэх/ хэвийн -лд нөхцөлөөр хувиргаж бичээрэй.

1. Манай ангийн хөвгүүд бари аж байна.
2. Манай ангийн охид бөмбөг булаа аж тоглож байна.
3. Манай сургуулийн багш нар инээ эж байна.
4. Танай ангийн хүүхдүүд хашгира аж байна.
5. Хоёр сургуулийн оюутнууд өрс өж байна.
6. Танай үйлдвэрийн дарга нар марга аж байна.

Дасгал 2

Өгөгдсөн үйл үгсийг харилцан үйлдэлдэх /үйлдэх/ хэвийн нөхцөлөөр хувиргаад өгүүлбэрүүдийг утгаар нь зөв нөхөж бичээрэй.

Өгөгдсөн үгс: дайрах- , ноцох- , барих- , орох- , тэврэх- ,

булаах-

1. Та нар болохгүй шүү. Хажуу айлын хүмүүс уурлана.
2. Тэр хоёр хоорондоо муудалцах гээд байдаг.
3. Өнөөдөр бөхийн өргөөнд оюутнууд болсон.
4. Би монгол хэл сурахаар байна.
5. Гудамжинд хэдэн нохой яс байна.
6. Эгч дүүс уулзаж байна.

Дасгал 3

Дараах үгсийг хэвийн -лд нөхөцлөөр хувиргаад өгүүлбэр зохиож бичээрэй.

1. инээх - -
2. хөхрөх - -
3. булаах - -
4. ноцох - -
5. зодох - -
6. гүйх - -

Дасгал 4

Дараах өгүүлбэрүүдээс харилцан үйлдэлдэх /үйлдэх/ хэвийн нөхцөлийг зөв хэрэглэсэн үгсийг олоорой.

1. Бага ангийн хүүхдүүд шуугилдаад/үймүүлээд байна.
2. Тэднийг ингэж уурлуулах/сөргөлдүүлэх хэрэггүй.
3. Цэргүүд гардан тулалдах/байлдах урлагт сайн сурсан.
4. Монгол эрчүүд барилцах/барилдах дуртай.
5. Гэдэс нь нуруундаа наалдсан/нугдайсан амьтан явна.
6. Байнга эрүү толгой зодолдуулах/нийлүүлэх хэрэг байна уу даа!

Дасгал 5

Харилцан үйлдэлдэх /үйлдэх/ хэвийн нөхцөлөөр хувирсан дараах үйл үгсийг оролцуулан асуулт зохиож бусдаасаа асуугаарай.

1. наалдах - ?
2. нүүрэлдэх - ?
3. тэврэлдэх - ?
4. тулалдах - ?
5. хашгиралдах - ?
6. дуулалдах - ?

Дасгал 6

Дараах асуултад хариулж бичээрэй.

1. Чи бага байхдаа зодолдож байсан уу?

 -

2. Чи хэн нэгэнтэй маргалдаж байсан уу?

 -

3. Чи хэн нэгэнтэй уралдаж байсан уу?

 -

4. Чи хэн нэгэнтэй барилдаж үзсэн үү?

 -

5. Танайхан гэртээ инээлддэг үү?

 -

6. Чи хичээл дээр үймүүлдэг үү?

 -

ТЭМДЭГЛЭЛ

АРВАН ТАВДУГААР ХИЧЭЭЛ

Дахиад нэг сайн ярилцаад үзэх нь зөв байх аа!

Сарнай: Зүгээр биз, яасан сэтгэлээр унасан харагдах юм.

Магнай: Зүгээр ээ. Харин чи давгүй биз дээ? Би яахав дээ, найз охинтойгоо муудалцаад бүр болих дээрээ тулаад явж байна.

Сарнай: Би давгүй ээ. Та хоёр юунаас болоод муудалцав? Хурдан эвлэрэх хэрэгтэй, чиний найз охин сайн хүн шүү.

Магнай: Сайн нь ч сайн л даа. Гэхдээ л нэг болохгүй байна.

Сарнай: Та хоёр танилцаад хэр удаж байна вэ?

Магнай: Бид хоёр танилцаад бараг 2 жил болж байна.

Сарнай: Та хоёр 2 жилийн хугацаанд сайн ойлголцсон баймаар юм. Цаадахтайгаа дахиад нэг сайн ярилцаад үзэх нь зөв байх аа!

Магнай: Бид уг нь бие биедээ туслалцаад давгүй л байсан. Сүүлийн үед тэр уурлаад хөтлөлцөөд явах ч дургүй болсон.

Сарнай: Сонин л юм, яасан юм бол? Чи дахиад нэг ярилцаад үз дээ.

Магнай: За. Чи хаашаа явж байна вэ?

Сарнай: Би Үндэсний номын санд болох хуралд оролцохоор явж байна.

Магнай: Тэгвэл хурдан яв яв!

Шинэ үг

муудалцах	다투다	салах	헤어지다
эвлэрэх	화해하다	ойлголцох	서로 이해하다
хөтлөлцөх	손을 맞잡다	сонин /хачин/	이상한
дагалдах	동행하다	эрх тэгш	평등하게
хүргэх	배달하다	үрэх /мөнгө/	낭비하다
зогсоол	정류장	дайсагнах	적대시하다
ширүүн	심하게	нэхий	털 달린 가죽
шидэлцэх	서로 던지다	хатуу үг	싫은 소리
илэн далангүй	솔직하게	эв найрамдал	평화, 화합
нэгийгээ үзэж, нэхий дээлээ тайлах /муудалцаж зодолдох/			싸우다
гэдсэндээ хөлөө хийлцэх /таарамжгүй болох/			싸우다

Дүрэм

1. Хамтран үйлдэлцэх /үйлдэх/ хэвийн -лц нөхцөл 공동태의 -лц 어미

공동태의 -лц 어미를 동작행위를 행하는 주가 공동으로 동등한 권리로 혹은 하나가 따라 행하는 뜻을 표현할 때 쓴다. 즉, 동작과 행위를 행할 때 공동태, 혹은 따라 하는 상대방의 뜻을 표현하는 것이 특징이다. 몽골어의 구어체와 문법에서 보편적으로 많이 사용된다. 예를 들면, ор+лц=оролц, тэвэр+лц=тэврэлц, хий+лц=хийлц, угаа+лц=угаалцах, шалга+лц=шалгалц 등이다.

공동태의 -лц 어미를 어떠한 조사를 가진 동사의 뒤에서 바로 연결하는 것이 규칙이다. 예를 들면, соль+лц=солилц, барь+лц=барилц, хүргэ+лц=хүргэлц 등이다.

공동태접미사 -лц 뒤에 -уул2 를 붙여서 동태의 뜻으로 쓰기도 한다. 예를 들면, барь+лц+уул=барилцуул, хий+лц+үүл=хийлцүүл, ор+лц+уул=оролцуул 등이다.

Жишээ нь:

Нэг. Энэ хурлаар олон асуудал **хэлэлцэв**.
이번 회의로 많은 사안을 협의했다.

Найзтайгаа тоо **бодолцсон**.
친구와 함께 수학 문제를 푸는 것을 도왔다.

Тэр хуралд би **оролцсон**.
그 회의에 내가 참석했다.

Эгч миний хувцаснаас **угаалцсан**.
누나가 나의 옷에서 일부를 빨래하는 것을 도와주었다.

Би эмээтэй оройн хоол **хийлцсэн**.
내가 할머니와 함께 저녁 식사 준비를 도왔다.

Хоёр. Ээжийг шинэ зүйл худалдан авахад нь би **сонголцсон**.

어머니가 새것을 사는데 내가 선택하는 것을 도왔다.

Аавтай хамт явж шинэ машин худалдан **авалцсан**.

아버지와 함께 가서 새 차를 사는 것을 도왔다.

Найзтайгаа хамт зугаалж мөнгийг нь **үрэлцсэн**.

친구와 함께 놀아 돈 쓰는 것에 한몫했다.

Дүүгийн үдийн хоолыг хамт **идэлцсэн**.

동생의 점심 식사를 함께 먹어줬다.

Тэр намайг дээрэлхээд байхаар нь сайн **үзэлцсэн**.

그 녀석이 나를 못살게 하길래 대항했다.

Гурав. Дэлгүүрээс түүнтэй хүнсний зүйл **авчиралцсан**.

가게에서 그를 도와 식품을 가지고 왔다.

Бид гар гараасаа удаан **барилцсан**.

우리는 서로 손을 맞잡았다.

Амралтаараа хөдөө явж тариа **хураалцсан**.

방학 때 시골에 내려가 추수를 도왔다.

Багшийн машиныг зогсоолоос **гаргалцсан**.

선생님 차를 주차장에서 빼는 것을 도왔다.

Өчигдөр нэгэн залуутай **танилцсан**.

어제 어떤 남자와 서로 알게 되었다.

Дөрөв. Спортын тэмцээнд бид бүгд **оролцсон**.

스포츠 경기에 우리 모두가 참석했다.

Танилцсан залуутайгаа хаягаа **солилцсон**.

새로 알게 된 남자와 주소를 교환했다.

Тэд өр зээлээ **өгөлцөж авалцсан** байна.

그들이 서로 빚진 돈과 받을 돈을 주고받았다.

Багш бидэнтэй ирээдүйн тухай **ярилцсан**.

선생님이 우리와 함께 미래에 대해 이야기했다.

Ээж миний хувцасыг **угаалцсан**.

어머니가 나의 옷 빨래를 도와주셨다.

Тав. Дайсагнагч талууд өөд өөдөөсөө **буудалцсан**.

적대자들이 서로 총을 쐈다.

Хот айлууд хамтран малаа **маллалцдаг**.

이웃끼리 서로 도와 가축을 돌본다.

Бид өөд өөдөөсөө байнга **харалцдаг**.

우리는 자주 서로 마주 본다.

Би түүний гэрт хамт **байлцдаг**.

나는 그의 집에 함께 있어 준다.

Өнөөдөр номын сангаас **ном зөөлцсөн**.

오늘 도서관에서 책 나르는 것을 도왔다.

Зургаа. Энэ олон улсын хуралд би **оролцсон**.

이 국제회의에 내가 참석했다.

Тэдний хоолноос хамт **идэлцсэн**.

그들의 식사를 함께 먹어 주었다.

Түүнтэй ууланд хамт **явалцсан**.

그와 함께 산에 가주었다.

Түүний хүнд ачаанаас **өргөлцсөн**.

그의 무거운 짐을 함께 들어주었다.

Түүний ажлаас өнөөдөр **хийлцсэн**.

그의 일을 오늘 같이 해 주었다.

Эхийг уншаарай

Та нар хоорондоо илэн далангүй сайн ярилцаж бай! Бие биеэ сайн ойлголцоогүйгээс болоод эвгүй байдал үүсвэл яана. Хэрвээ тэгэж муудалцвал ёстой нөгөө “нэгийгээ үзэж, нэхий дээлээ тайлалцах” хэрэг гарна шүү! Эртхэн сайн муугаа ярилцаж ойлголцоод авбал дээр байдаг юм. Нэгэнт ярилцаж ойлголцсон бол хэлсэн ярьсандаа эзэн болж байх хэрэгтэй. Хүний амьдралын бүх зүйл харилцан ойлголцол дээр оршдог гэдэг. Харилцан ойлголцож эв найрамдалтай байвал ажил алба сайхан бүтдэг.

Дасгал ажил

Дасгал 1

Дараах өгүүлбэрүүдийн үйл үгсийг хамтран үйлдэлцэх /үйлдэх/ хэвийн -лц нөхцөлөөр зөв гүйцээж бичээд уншиж орчуулаарай.

1. Энэ дарга нар ширүүхэн үзэ ______ эж байна даа.
2. Тэд бүр бари ______ аж авах дээрээ тулаад байна.
3. Би түүнтэй тэр ажлыг хий ______ ээд ирлээ.
4. Сайн найзуудыг санаатай мууда ______ уулж болохгүй.
5. Энэ хэрүүл нэгийгээ үзэж, нэхий дээлээ тайла ______ ах гэдэг шиг л юм боллоо.
6. Та нар ингэж гэдсэндээ хөлөө хий ______ эх хэрэггүй шүү!

Дасгал 2

Өгөгдсөн үйл үгсийг тохирохоор өгүүлбэрүүдийг нөхөж бичээд уншаарай.

Өгөгдсөн үгс: муудалцах, байлцах, хөтлөлцөх, шидэлцэх, бодолцох, ярилцах

1. Би өнөөдөр тэдэнтэй хамт ______ хэрэгтэй байна.
2. Та нар хоорондоо ______ хэрэггүй шүү!
3. Наад асуудлыг чинь энэ хурал дээр сайн ______ болно.
4. Захирлууд бие бие рүүгээ хатуу үг ______ -ээд их л ширүүн байна.
5. Манай ангийн Болд Сарнай хоёр ______ -өөд сүрхий явна.
6. Тагнуул болох тухайд нэлээд ______ -ж үзэх хэрэгтэй байна.

Дасгал 3

Дараах үгсийг хэвийн -лц нөхцөлөөр хувиргаад өгүүлбэр зохиож бичээрэй.

1. угаах - ______ - ______
2. авчрах - ______ - ______
3. ярих - ______ - ______
4. сурах - ______ - ______

5. орох -   -

6. таних -   -

Дасгал 4

Дараах өгүүлбэрүүдээс утгыг зөв илэрхийлэх үгсийг олоод уншиж орчуулаарай.

1. Бид танилцаад/мэдэлцээд удаагүй байна.
2. Тэдний гэрийг хамт цэвэрлэлцсэн/цэвэрлээд учир тэр их баярласан.
3. Эгч миний хувцаснуудыг надтай хамт угаалцаад/угааж явлаа.
4. Ах бид хоёр бага байхдаа байнга муудаж/муудалцдаг байсан.
5. Энэ асуудлыг сайн хэлэх/хэлэлцэх шаардлагатай юм байна.
6. Хос залуус хөтлөлцөөд/хөтлөөд явж байна.

Дасгал 5

Дараах үгсийг хэвийн –лц нөхцөлөөр хувирган өгүүлбэрт оруулж бичээд уншаарай.

1. машин зас

-

- гэр барь

-

- ширээ өргө

-

- ачаа буулга

-

- ярь

-

- хүргэ

-

Дасгал 6

Дараах асуултад хариулж бичээрэй.

1. Чи ахтайгаа муудалцдаг уу?

   -

2. Чи энэ асуудлыг түүнтэй ярилцсан уу?

   -

3. Та хоёр хөтлөлцөөд явдаг уу?

   -

4. Та хоёр танилцаад удаж байна уу?

   -

5. Юунаас болоод үзэлцээд байна?

   -

6. Та нар зан зангаа мэдэлцсэн үү?

   -

АРВАН ЗУРГААДУГААР ХИЧЭЭЛ

Давтлага хичээл.

НЭГДҮГЭЭР ХИЧЭЭЛ

1. Миний найзыг Дармаа гэдэг.
2. Манай аав одоо хөдөө яваа.
3. Миний найз улаан хавтастай ном уншиж байна.
4. Манай ангийнхан монголоор хурдан уншдаг.
5. Манай анги 24 оюутантай.
6. Монгол улс цөөн хүн амтай.
7. Миний аав олон номтой хүнд цүнх барьдаг.
8. Чиний ахыг том компани удирддаг гэж сонссон.
9. Миний цүнхэн дотор олон шинэ ном байгаа.
10. Манай сургуулийн дэргэд олон их сургууль байдаг.

ХОЁРДУГААР ХИЧЭЭЛ

1. Би бол Солонгосын Гадаад Судлалын Их Сургуулийн оюутан.
2. Сайхан амьдрахын тулд их эрдэм сурах хэрэгтэй.
3. Аав гадаадаас ирсэн боловч ажил руугаа явчихсан.

4. Ах их сургуульд орохын төлөө хичээлээ сайн давтаж байгаа.
5. Чи хичээлээ хийсэн бол Болд болоод Доржийг дагуулаад ирээрэй.
6. Эрт ба одоо, хол ба ойрыг бодох тусам хүн ухаарал нэмдэг.
7. Би ч өнөөдөр ажил ихтэй.
8. Чи өнөөдөр кино битгий үзээрэй.
9. Сайн явж ирлээ. Танайхан хаачаа вэ?
10. Тэр лав гадаа тоглохоор гарсан байх шүү. Түүнийг дуудах уу?

ГУРАВДУГААР ХИЧЭЭЛ

1. Миний өвөө өндөр настай.
2. Манай ангийн Болд хичээлдээ их сайн.
3. Тэр морь их хурдан.
4. Намар болохоор амьтад ичээндээ ордог.
5. Миний цүнхэнд ном, дэвтэр, үзэг, харандаа, баллуур, захиа байна.

6. Манай ангид самбар, ширээ, сандал, цонх, гэрэл, унтраалга байдаг.
7. Би шөнө бүр янз бүрийн зүүд зүүдэлдэг.
8. Манай дүү унадаг дугуй сайн унадаг.
9. Сүүлийн үед шинжлэх ухаан их хөгжиж байна.
10. Солонгост олон төрлийн жимс ургадаг.

ДӨРӨВДҮГЭЭР ХИЧЭЭЛ

1. Миний аав том биетэй.
2. Манай эмээ дунд зэргийн нуруутай бас тарган ч биш туранхай ч биш.
3. Ээжийн хийсэн хоол амттай байдаг.
4. Манай хичээлийн номнууд зузаан, том.
5. Аавын машин хар өнгөтэй, дотроо саруулхан.
6. Энэ модны навч ув улаан болсон байна.
7. Энэ жил хүйтэвтэр өвөл болж байна.
8. Тэр эмэгтэй сар шиг сайхан царайтай.
9. Тэр эмэгтэй сарнаас сайхан царайтай.
10. Тэр эмэгтэй хамгийн сайхан царайтай.

ТАВДУГААР ХИЧЭЭЛ

1. Манай анги 19 оюутантай.
2. Манай гэр бүлд 5 хүн амьдардаг.
3. Бид монгол хэлний нэгдүгээр ангид сурдаг.
4. Ширээ тойроод арваад оюутан сууж байна.
5. Өнөөдөр хуралд зуу шахам хүн ирсэн байна.

6. Ширээний хоёр талд гурав гурваараа суу.
7. Одоо арав арвaараа нийлээд суугаарай.
8. Манай багш даалгавраа олон удаа шалгадаг.
9. Манай ангийн оюутнуудын гуравны нэг нь цэрэгт явсан.
10. Энэ хичээл дээр оюутнуудын гуравны хоёр нь ирсэн байна.

ЗУРГААДУГААР ХИЧЭЭЛ

1. Тэд шалгалтанд бэлтгээд завгүй байна.
2. Бид маргааш хөдөө явах болохоор их завгүй байна.
3. Та эдгээр зүйлийг аваад яваарай.
4. Тэр хэн бэ? Тэр бол шинэ багш.
5. Хэн ч өнөөдөр хичээлдээ ирсэнгүй.
6. Энэ бүгд улсын хөрөнгө болно.
7. Зарим өдөр ажилдаа явахгүй байж болно.
8. Эднээс бусад нь ажлаа тараад сайн амраарай.
9. Чи өөрөө үүнийг хийсэн бол илүү сайн болох байсан байх.
10. Ямарваа ажлыг эхэлсэн бол заавал дуусгах ёстой.

ДОЛООДУГААР ХИЧЭЭЛ

1. Чиний толгой дээрээс ус дусаад байна.
2. Тамирчид дээшээ хурдан өгсөж байна.
3. Энэ байшингийн дотогш ороод хэрэггүй шүү.
4. Уржнан энэ моднуудыг суулгасан юм

5. Өнөө өглөө чи хэдэн цагт боссон бэ?
6. Уржигдар танайд хэн ирсэн бэ?
7. Нөгөөдөр бид гадаад руу явахаар бэлдэж байна.
8. Дараа жил энэ байшин ашиглалтад орно.
9. Биеийн тамирын дасгал тогтмол сайн хийж байгаарай!
10. Заримдаа хүнд ганцаардаж, гуниглах зүгээр гэсэн шүү!

НАЙМДУГААР ХИЧЭЭЛ

1. Болд зурагт үзээд инээж байна.
2. Баяр сургуулиасаа ирж байна.
3. Тоогоо хурдан бодоорой.
4. Сэтгүүлээ хурдан эргүүлээрэй.
5. Би хаяа гадуур хэсдэг.
6. Дүү өдөр заримдаа унтдаг.
7. Өнөө шөнө бороо оржээ.
8. Батыг ажилд авсугай.
9. Наад хүмүүсээ буцаатугай.
10. Намайг явангуут хичээлээ хийгээрэй.

ЕСДҮГЭЭР ХИЧЭЭЛ

1. Энэ усыг хурдан буцалгах хэрэгтэй байна.
2. Энэ буцалгасан усыг хөргөх хэрэгтэй байна.
3. Энэ нохойг хөөлгөх хэрэггүй шүү!
4. Үүнийг ингэж хөргөх хэрэггүй шүү дээ!

5. Хүүхдээ өглөө эрт босгох ёстой.
6. Үүнийг хурдан бэлтгэх хэрэгтэй байна.
7. Энэ номыг захиралд хүргэх шаардлагатай.
8. Түүнд шагнал олгуулах нь зөв.
9. Энэ дугаарыг устгуулах шаардлагатай.
10. Тэднийг өдөржин гүйлгэв.

АРАВДУГААР ХИЧЭЭЛ

1. Аав надаар их ажил хийлгүүллээ.
2. Ээж дүүгээр машинаа бариулж явна.
3. Багш шинэ номоо хэвлүүлжээ.
4. Манай ангийнхан зургаа зурагчингаар авахуулсан.
5. Сургууль хичээлийн байраа будуулж байна.
6. Сургуулийн захирал намайг дуудуулсан юм.
7. Тэр Болдоор захиа бичүүлээд Сүрэнгээр Долгорт өгүүлсэн.
8. Аав намайг гадаад руу явуулаад өөрөө нутагтаа үлдсэн.
9. Хаая ээжээр ингэж үглүүлэх сайхан байдаг юм аа.
10. Түүгээр байнга тэгэж загнуулах хэцүү байна.

АРВАН НЭГДҮГЭЭР ХИЧЭЭЛ

1. Дүүгээр номоо хайлгав.
2. Түүнд сая л сүү уулгав.
3. Багш биднийг их хол газар гүйлгэсэн.

4. Шүүхээр үнэн зөвөө шүүлгэсэн.
5. Энэ газарт самбарын мод зоолгожээ.
6. Найз нараараа түлээгээ зөөлгөж дууслаа.
7. Түүнийг ингэж байнга дөвийлгөж байх хэрэг байна уу?
8. Өнөөдөр багшаараа сайн заалгаад маргааш гэртээ сууж давтаарай.
9. Асуудлыг аавд нь дуулгаад түүнийг нааш нь дуудаарай.
10. Хүүхдээр оньсого таавар таалгах хэрэгтэй.

АРВАН ХОЁРДУГААР ХИЧЭЭЛ

1. Би хурдан галаа асаагаад ирье.
2. Түүнийг ингэж гомдоох хэрэггүй шүү.
3. Бат л хааяа биднийг ингэж хөгжөөлгөх юм.
4. Хотод гарсан бослогыг хурдан зогсоох хэрэгтэй.
5. Би зуухан дээр цай халаалгасан.
6. Энэ зарлалыг хурдан түгээлгэх хэрэгтэй байна.
7. Ууланд гарсан түймрийг хурдан унтраавал сайн байна.
8. Энэ зайрмагийг хөлдөөвөл улам амттай болно.
9. Хэрэггүй цаасыг цаг тухайд нь шатаалгаж байх хэрэгтэй.
10. Хошин зүйл ярьж элгийг нь хөшөөлгөх хэрэг байна уу даа!

АРВАН ГУРАВДУГААР ХИЧЭЭЛ

1. Ээж минь ойрдоо их санагдаж байна.
2.Сүүлийн үед аав минь бодогдоод байх юм.
3. Хаалга нээгдэхээр машинаа оруулаарай.
4. Хаалга нээгдэхээр машинаа оруулаарай.
5. Энэ байранд агуулагдах зүйлс бүгд шинэ.
6. Энд ингэж ад үзэгдэж байхаар холдсон нь дээр.
7. Манай сургууль 1954онд байгуулагдсан түүхтэй.
8. Энэ үг нэг их хэрэглэгдэхээ больсон хуучин үг байна.
9. Түүнийг хянуур нямбай зан надад аль эрт анзаарагдсан.
10. Түүний тусархуу үнэнч сэтгэл олонд таалагдсан.

АРВАН ДӨРӨВДҮГЭЭР ХИЧЭЭЛ

1. Монголын наадмаар олон бөх барилдав.
2. Тэр хоёр хүн хэрэлдээд байгаа бололтой.
3. Эгээ агаатай өчигдөр зуслан дээр тааралдсан гэнэ.
4. Тэд нэг л их хөхрөлдсөн хүмүүс байх юм.
5. Сая л инээлдээд байсан одоо уйлалдаад уналаа.
6. Чадахгүй нь хамаагүй, оролдоод үз!
7. Хэдэн том шар мөргөлдөж байна.
8. Аав хүү хоёр тэврэлдэн үнсэлдээд уулзлаа.
9. Хэдэн дүрсгүй жаал ноцолдож байна.
10. Энэ хоёр сүүлийн үед ингээд сөргөлдөөд байдаг болсон.

АРВАН ТАВДУГААР ХИЧЭЭЛ

1. Энэ хурлаар олон асуудал хэлэлцэв.
2. Ээжийг шинэ зүйл худалдан авахад нь би сонголцсон.
3. Дэлгүүрээс түүнтэй хүнсний зүйл авчиралцсан.
4. Амралтаараа хөдөө явж тариа хураалцсан.
5. Спортын тэмцээнд бид бүгд оролцсон.
6. Ээж миний хувцасыг угаалцсан.
7. Дайсагнагч талууд өөд өөдөөсөө буудалцсан.
8. Би түүний гэрт хамт байлцдаг.
9. Энэ олон улсын хуралд би оролцсон.
10. Түүний хүнд ачаанаас өргөлцсөн.

ТЭМДЭГЛЭЛ

Хавсралт 1

ДАСГАЛ АЖЛЫН ХАРИУ

Нэгдүгээр хичээл

Дасгал 1

1. **Хүн** явах
2. **Багш** ирэх
3. **Хичээлд** суух
4. **Хоол** идэх
5. **Кино** үзэх
6. **Дуу** сонсох

Дасгал 2

1. цас **орох**
2. дугуй **унах**
3. шүхэр **барих**
4. цай **уух**
5. ус **авах**
6. дуу **дуулах**

Дасгал 3

1. **Зузаан** ном
2. **Сайхан** үзэг
3. **Цагаан** цас
4. **Хөх** тэнгэр
5. **Амттай** хоол
6. **Үнэнч** сэтгэл

Дасгал 4

1. Би гэртээ **тавуулаа** амьдардаг.
2. Маргааш бид **долуулаа** зугаална.
3. Өнөөдөр бид **дөрвөн** цагийн хичээлтэй.
4. Миний дүү **гуравдугаар** ангид сурдаг.
5. Манай нохой **арван таван** килограмм жинтэй.
6. Тэр машин **дөрвөн** дугуйтай.

Дасгал 5

1. Чи маргааш **нөгөө** зүйлийг аваад ирээрэй.
2. **Бид** одоогоор их завгүй байна.

3. **Тэд** Америкт амьдардаг.

4. **Аль** автобус нь Сөүл хот руу явах вэ?

5. Энэ уул өөд **хаагуур** авирвал амар бол оо?

6. Та надад **энэ** сурах бичгээ түр өгөөч.

Дасгал 6

1. Чи Улаанбаатараас хэзээ ирсэн бэ? - **Би Улаанбаатараас өчигдөр ирсэн**.
2. Өглөө чи хэдэн цагт босдог вэ? - **Би өглөө 6 цагт босдог**.
3. Маргааш чи хэзээн цагт ирэх вэ? - **Би маргааш 11 цагт ирнэ**.
4. Чи хаагуур зугаалаад ирэв? - **Би уулаар зугаалаад ирлээ**.
5. Багшийн ширээн дээр юу байна вэ? - **Багшийн ширээн дээр ном байна**.
6. Чиний цүнхэнд юу байна вэ? - **Миний цүнхэнд цаас, үзэг байна**.

Хоёрдугаар хичээл

Дасгал 1

1. Энэ жил **бол** модон туулай жил
2. Багш ирсэн **боловч** хичээлээ заасангүй.
3. Одоо түүний **төлөө** сайн залбирах хэрэгтэй.
4. Энэ **тухай** түүнд битгий хэлээрэй.
5. Тэр ном эрдэм сураагүй **болов**ч их ухаантай хүн.
6. Чи үүнийг хийхийн **тулд** эхлээд сайн бодох хэрэгтэй.

Дасгал 2

1. Тэднийг ирэх **бүрт** би их баярладаг.
2. Тэр энэ удаа **бүр** их сэтгэлийн тэнхээтэй байна.
3. Бидний сайн сайхны төлөө ажиллаж **байгаа** аав ээжийгээ үргэлж баярлуулж байх ёстой.
4. Хэрүүл хийнэ **гэвэл** манайд битгий ирээрэй.
5. Өөртөө тустай үгсийг амны уншлага **мэт** санаж бай.
6. Би хичээлээ хийсэн. **Харин** одоо амарч байна.

Дасгал 3

1. Бат хичээлээ хийсэн **боловч** / төлөө хоолоо идээгүй байна.
2. Аав хөдөөнөөс ирсэн тулд / **боловч** одоо унтаж байна.
3. Бат төлөө / **ба** Дандар өнөөдөр манайд ирнэ гэсэн.
4. Манай ангийнхан тантай уулзахын **тулд** / боловч хичээлээ эрт дуусгасан.
5. Гадаа цас орсны болон / **улмаас** халтиргаа ихтэй болжээ.
6. Хэзээ нэг цагт энэ **тухай** / нэг бол заавал сонсоно шүү дээ.

Дасгал 4

1. Сүрэн гэртээ байна **уу** ? Байхгүй **юу** ?
2. Тэр гэртээ байхгүй байна. Түүнд ямар нэг зүйл дамжуулж хэлэх **үү** ?
3. Тэр хаашаа явсан юм **бол оо** ? Та мэдсэн **үү**?
4. Мэдэхгүй **ээ**. Тэр 1 цагийн өмнө гараад л явсан.
5. Болд гэж хүн ярьсан **гээд** та дамжуулж өгөхгүй **юу**.
6. За тэгье **ээ**. Түр баяртай.

Дасгал 5

1. Өнгөнд **бүү** хуурт.

   Өрөнд **бүү** баригд.

2. Урантай утас **бүү** булаалд.

   Ухаантантай үг **бүү** булаалд.

3. Хийвэл **бүү** ай.

   Айвал **бүү** хий.

Дасгал 6

1. Энэ ажил надад **маш** хүнд санагдаж байна.
2. Энэ залуу хичээлдээ **тун** сайн гэж би сонссон.
3. Энэ аюултай зүйл **тул** битгий хүрээрэй.
4. Чи үүнийг өнөөдөр хийж дуусгах **ёстой шүү**.
5. Энэ ажил зөвхөн миний хийх ажил **биш шүү**.
6. Үүнийг чи өнөөдөр **лав** хийж дуусгахгүй бололтой.

Гуравдугаар хичээл

Дасгал 1

А. Ерийн нэр: **малчин, ажилчин, амьтан, жимс, мал, уул, гол, хот, хөдөө, аяга, мод, цас, ном, шувуу**

Б. Оноосон нэр: **төмс, сэрээ, туулай, буга, хонь, Хан мөрөн, Хатан Туул, Болд, Дархан, галуу, хөхөө, Монгол, Солонгос**

Дасгал 2

А. Хүн заасан: **дарга, цэрэг, эмч, сувилагч, цагдаа, охин, бэр, хадам, захирал, авга, нагац**

Б. Амьтан заасан: **нохой, муур, чоно, үнэг, хонь, ямаа, дэглий, хун, шувуу,гахай, галуу, тэмээ, амьтан, мал**

В. Бодит юм заасан: **айраг, ном, дэвтэр, цүнх, дэвтэр, аяга, сэрээ, цаас, зургийн дэвтэр, дууны ном, сонин, сэтгүүл, малгай**

Г. Байгаль-нийгмийн үзэгдэл заасан: **цас, бороо, зүүд, шинжлэх ухаан, аянга, салхи, мэдлэг, ухаан**

Дасгал 3

1. Хурдан **морь** уралдаж, хүчит **бөх** барилдаж, мэргэн **харваач** харваж байна.
2. Өнөөдөр **сэтгэл** уйтгартай байна.
3. **Ном** унших нь оюутан хүний гол ажил.
4. Намар **шувуу** буцахаар сэтгэл уйтгартай хэцүү байдаг.
5. **Ахыг** ирэхээр манай гэрийнхэн гадаад руу аялахаар болсон.
6. **Бороо** орохоор ургамал ногоо сайхан ургадаг.

Дасгал 4

1. ном **дэвтэр**: **Ном дэвтэрээ цэвэр хэрэглэх хэрэгтэй**.
2. улс **орон**: **Улс орон хөгжих нь иргэн хүнээс хамааралтай**.
3. уул **нуруу**: **Уул нуруу өндөр тусмаа сүрлэг харагддаг**.
4. хоол **унд**: **Хоол ундаа сайн идэх нь биед сайн**.
5. аав **ээж**: **Аав ээжийнхээ ачийг хариулах нь бидний үүрэг**.
6. ах **дүү**: **Ах дүүсээрээ нийлээд салхинд гарах сайхан**.

Дасгал 5

1. зам тээвэр
2. жигүүртэн шувуу
3. даваа гүвээ
4. өвс ногоо
5. нар сар
6. хашаа саравч

Дасгал 6

1. **Усны шувуу** намар буцаж, хавар ирдэг.
2. **Буга, согоо** ууланд амьдардаг.
3. **Гал** гарвал аюултай тул болгоомжтой байх хэрэгтэй.
4. **Анаашны хүзүү** урт, **нуруу** богино, **сэрвээ** өндөр.
5. **Богд уулын** ард **Улаанбаатар хот** оршдог .
6. **Туул голын** хөвөөнд **Улаанбаатар хот** байдаг.

Дөрөвдүгээр хичээл

Дасгал 1

1. Энэ **улаан** машин хэний машин бэ?
   - Энэ улаан машин миний дүүгийнх.
2. Энэ **зузаан** ном хэнийх вэ?
   - Энэ зузаан ном Батынх.
3. Энэ **нимгэн** дэвтэр хэнийх вэ?
   - Энэ нимгэн дэвтэр минийх.
4. Тэр **хурдан** гүйж буй тамирчин аль улсынх вэ?
   - Тэр хурдан гүйж буй тамирчин Монгол улсынх.

5. Тэр шорвог хоол хэнийх вэ?

- Тэр шорвог хоол дүүгийнх.

6. Тэр **гурвалжин** шугам хэнийх вэ?

- Тэр гурвалжин шугам багшийнх.

Дасгал 2

1. Өнгө зүс заасан: **улаан, ногоон, саарал, хар, шар, бор**
2. Амт чанар заасан: **гашуун, амтгүй, чихэрлэг, шорвог, исгэлэн, өмхий, нялуун**
3. Хэмжээ заасан: **том жижиг, бага, их, намхан, бүдүүн, өндөр, нимгэн, зузаан**
4. Хөдөлгөөн заасан: **удаан, хурдан, амгалан, гавшгай, түргэн, зугуухан, аажим**
5. Хэлбэр дүрс заасан: **гурвалжин, дөрвөлжин, хавтгай, өрөвгөр, шовгор**
6. Шинж чанар заасан: **сайн, муу, овжин, зальжин, залуу, буурал, цэцэн, тэнэг**

Дасгал 3

1. цагаан - **хар**
2. хол - **ойр**
3. залуу - **хөгшин**
4. хурдан - **удаан**
5. урт - **богино**
6. бөх - **хэврэг**

Дасгал 4

Тэмдэг нэр	Эрчимжүүлсэн утга	Бууруулсан утга
1. шинэ	цоо шинэ	шинэвтэр
2. хуучин	маш хуучин	хуучивтар
3. өндөр	маш өндөр	өндөрдүү
4. хөгшин	маш хөгшин	хөгшивтөр
5. богино	маш богино	богинодуу
6. дулаан	маш дулаан	дулаавтар

Дасгал 5

1. цоо шинэ - Энэ цув шоо шинэ юм байна.
2. тас харанхуй - Энэ шөнө тас харанхуй байна.
3. маш дулаахан - Энэ цамц маш дулаахан байна.
4. цал буурал - Энэ хүний толгой цал буурал болжээ.
5. цэв цэнхэр - Өнөөдөр тэнгэр цэв цэнхэр өнгөтэй байна.
6. шав шар - Шав шар нар над дээр чам дээр тусна.

Дасгал 6

	Ижил зэрэг	Илүү зэрэг	Давуу зэрэг
1. хурдан	салхи шиг хурдан	салхинаас хурдан	хамгийн хурдан
2. цагаан	цас шиг цагаан	цаснаас цагаан	туйлын цагаан
3. хатуу	хад шиг хатуу	хаднаас хатуу	маш хатуу
4. нимгэн	цаас шиг нимгэн	цааснаас нимгэн	маш нимгэн
5. шар	нар шиг шар	нарнаас шар	маш шар
6. хөнгөн	өвс шиг хөнгөн	өвснөөс хөнгөн	маш хөнгөн

Тавдугаар хичээл

Дасгал 1

1. Өнөөдөр хэдэн сарын хэдэн бэ? **Өнөөдөр 10 дугаар сарын 14**.
2. Чи хэдэн сарын хэдэнд төрсөн бэ? **Би 9 дүгээр сарын 13-нд төрсөн**.
3. Одоо цаг хэд болж байна вэ? **Одоо 11 цаг 14 минут болж байна**.
4. Танай хичээл хэдэн цагт тарах вэ? **Манай хичээл 14 цагт тарна**.
5. Чи өглөө хэдэн цагт боссон бэ? **Би өглөө 6 цаг 25 минутад боссон**.
6. Чи хэдэн цагт гэртээ харих вэ? **Би 22 цагийн үед гэртээ харина**.

Дасгал 2

1. Ганц мод гал болдоггүй
   Ганц хүн айл болдоггүй
2. Зуун төгрөгтэй байснаас
   Зуун найзтай байсан нь дээр

Дасгал 3

1. Манай ангид **арван таван** ширээ, **гучин** сандал байна.
2. Бид **тав тавуулаа** нийлж хичээлээ хийдэг.
3. Манай ангийн оюутнуудын **гуравны хоёр** нь хичээлдээ тогтмол суудаг.
4. Гадаа **хорь** орчим мод шинээр тарьж байна.
5. Ээж дэлгүүрээс **гурван** кг жимс, **хоёр** кг будаа, **нэг** кг лууван авчирлаа.
6. Манай дүү өглөө **есөн** цагт босч, орой **арван** цагт унтдаг.

Дасгал 4

Үндсэн тоо	Тойм тоо	Дэс тоо
1. нэг	нэг орчим	нэгдүгээр
2. хоёр	хоёр эргэм	хоёр дахь
3. гурав	гурав хавьцаа	гуравдугаар
4. дөрөв	дөрөв хэрийн	дөрөв дэх
5. тав	тав шахам	тавдугаар
6. зургаа	зургаа орчим	зургаа дахь

Дасгал 5

1. 19870 - арван есөн мянга найман зуун дал
2. 25095 - хорин таван мянга ерэн тав
3. 10001 - арван мянга нэг
4. 1253934 - нэг сая хоёр зуун тавин гурван мянга есөн зуун гучин дөрөв
5. 22333444 - хорин хоёр сая гурван зуун гучин гурван мянга дөрвөн зуун дөчин дөрөв
6. 1000012 - нэг сая арван хоёр

Дасгал 6

1. дэд сайд — Боловсролын яамны дэд сайд оюутнуудтай уулзана.
2. хошоод үзэг — Би цүнхэндээ тогтмол хошоод үзэг авч явдаг.
3. отгон хүү — Бат бол айлын отгон хүү.
4. өрөөсөн гутал — Түүний өрөөсөн гутал их шавар болсон байна.
5. хошой алт — Манай тамирчин олимпоос хошой алтан медаль авсан.
6. ууган охин — Дулмаа бол айлын ууган охин.

Зургаадугаар хичээл

Дасгал 1

1. **Тэд** хичээлээ хийж байна.
2. Энэ **юу** вэ? Энэ бол монгол дээл.
3. Тэр **юу** вэ? Тэр бол тахианы өндөг.
4. Чи надад **энэ** толь бичгээ түр үзүүлээч.
5. Энэ **нөгөө** яриад байсан түрийвч шүү дээ.
6. Би Их сургууль руу **хаагуур** явбал хурдан хүрэх вэ?

Дасгал 2

1. Чи **нөгөө** / хаана бээлийгээ үзүүлээч.
2. Энэ наадамд **хэний** / юуны морь түрүүлэх бол?
3. Хэзээ / **Хэдэн** цаг болж байна вэ?
4. **Бид** / өнөө одоогоор их зав муутай байна.
5. Монгол улс руу **яаж** / ямар явбал амар вэ?
6. Тэр хотоос **хэдийд** / аль буцаж ирсэн бэ?

Дасгал 3

	Би	Чи	Та
Нэрлэх	**би**	**чи**	**та**
Харьяалах	**миний**	**чиний**	**таны**
Өгөх орших	**надад**	**чамд**	**танд**
Заах	**намайг**	**чамайг**	**таныг**
Гарах	**надаас**	**чамаас**	**танаас**
Үйлдэх	**надаар**	**чамаар**	**танаар**
Хамтрах	**надтай**	**чамтай**	**тантай**
Чиглэх	**над руу**	**чам руу**	**тан руу**

Дасгал 4

1. **Тэдгээр** овоон дээр заавал гарах хэрэгтэй.
2. **Миний** багш **ийм** сайн хүн.
3. **Тэр** эмэгтэй **тийм** зальтай хүн.
4. **Тэр** дандаа худлаа ярьж байдаг.
5. **Өдий** насанд заавал сурсан байх хэрэгтэй.
6. **Нөгөө** үлгэрт гардаг шидтэн чинь тэр шүү дээ.

Дасгал 5

1. Одоо Сөүл хотод **11** цаг болж байна.
   - **Сөүл хотод одоо хэдэн цаг болж байна вэ?**
2. Би **Солонгосын Гадаад Судлалын Их Сургуульд** сурдаг.
   - **Чи ямар сургуульд сурдаг вэ?**
3. Тэр **өндөр** уул.
   - **Тэр ямар уул бэ?**
4. Тэд маргааш **хөдөө** явна.
   - **Маргааш хаашаа явах вэ?**
5. **Энэ хавар** Монгол руу аялна.
   - **Хэзээ Монгол руу аялах вэ?**
6. Би Японы **Токио хотоос** ирсэн.
   - **Та ямар хотоос ирсэн бэ?**

Дасгал 6

1. Би **үүнийг** бодохоос дургүй хүрдэг.
2. Би **тэднээс** лав тусламж гуйхгүй.
3. Би **үүгээр** юу ч хийж чадахгүй.
4. Түүний хуурамч занг бодохоор дургүй хүрдэг.
5. Хэн ч үүнийг хийж чадахгүй дээ.
6. Аль ч замаар явсан эцэстээ үхэх нь үнэн шүү дээ.

Долоодугаар хичээл

Дасгал 1

1. Миний ширээн **дээр** дүүгийн дэвтэр байна.
2. Аавын машин **дотор** миний цүнх байгаа.
3. Сургуулийн хашааны **гадна** олон дэлгүүр байдаг.
4. Тоглоомын талбайн **цаана** өндөр мод ургасан байна.
5. Шалгалтын үеэр миний ширээний **урдуур** багш яваад байсан.
6. Багшийн **хажууд** үүнийг чамд өгч чадаагүй.

Дасгал 2

1. Бат **өчигдөр** манайд ирээд явсан.
2. **Одоо** чи ямар ажилтай байна вэ?
3. Би **саяхан** үдийн хоолоо идлээ.
4. Энэ залуутай **ноднин** би танилцсан юм.
5. Тэд **удахгүй** манай үүгээр ирнэ гэсэн.
6. Өглөө бүр **тогтмол** дасгал хийх сайн.

Дасгал 3

1. **Үргэлж** ингээд гуниглаад байх нь эрүүл мэндэд муу даа!
2. Энэ хүн дандаа **үүгээр** ажил руугаа явдаг юм.
3. Хэвлэл **тогтмол** захиалж унших хэрэгтэй.
4. Тэр надад **үүрд** хайртай байна гэж хэлсэн.
5. Тэд **заримдаа** хичээл таслаад байдаг.
6. **Байнга** нэг төрлийн хоол идэх сонирхолгүй шүү дээ!

Дасгал 4

	гарахын тийн ялгал	харьяалахын тийн ялгал
1. Одоо	**одооноос**	хувирахгүй
2. Өнөөдөр	**өнөөдрөөс**	**өнөөдрийн**
3. Цаана	**цаанаас**	хувирахгүй
4. Урдуур	хувирахгүй	хувирахгүй
5. Саяхан	**саяхнаас**	**саяхны**
6. Хооронд	**хоорондоос**	**хоорондын**

Дасгал 5

Өгүүлбэр нь: ***Миний найз Бат хөдөөнөөс ирэх***.

Өнгөрсөн цаг дээр: **Миний найз Бат өчигдөр хөдөөнөөс ирсэн**.

Одоо цаг дээр: **Миний найз Бат одоо хөдөөнөөс ирж байна**.

Ирээдүй цаг дээр: **Миний найз Бат удахгүй хөдөөнөөс ирнэ**.

Дасгал 6

1. Онгоц **дээш** хөөрөхөөр дотор муухай болдог.
2. Онгоц **доош** буухаар толгой заримдаа өвддөг.
3. Чамайг **нааш** ирвэл би их баярлана шүү.

4. Энэ уулын **цаад руу** хүмүүс явах дуртай биш.

5. Өндөр уулын **дээгүүр** нисч явах хааяа сайхан санагддаг.

6. Усан **доогуур** хурдан сэлэхэд их хүч шаарддаг.

Наймдугаар хичээл

Дасгал 1

1. багш ирэх - **Багш ажилдаа ирэв**.
2. сурагч бичих - **Сурагч үсэг бичив**.
3. ном унших - **Би ном уншив**.
4. дуу дуулах - **Миний найз дуу дуулав**.
5. цас орох - **Гадаа цас орж байна**.
6. цай чанах - **Өглөө ээж цай чанав**.

Дасгал 2

1. Би машин **унаад** / уншаад гадуур зугаалах дуртай.
2. Миний дүү амттай чихэр **идэх** / үзэх дуртай.
3. Манай багш хичээлээ сайн үздэг / **заадаг**.
4. Манай ангийн оюутнууд монгол хэл сайн **сурч байна** / дуулж байна.
5. Өвөө хааяа хааяа салхинд **гардаг** / иддэг.
6. Эмээ юм уншихдаа нүдний шилээ барьдаг / **зүүдэг**.

Дасгал 3

1. Би ирэх долоо хоногоос хөдөө **явах** бодолтой байна.
2. Тэд дараа сараас наашаа **ирэх** байх.
3. Та нар энд суугаад номоо **уншаарай**.

4. Тэднийг **ирэхлээр** намайг дуудаарай.

5. Чи багш руу залгаад үүнийг **асуугаарай**.

6. Чамайг хэл сайн **сурвал** сайн үзэг авч **өгнө** шүү.

Дасгал 4

1. Тоо **бодвол** толгой **сэргэнэ**.
2. Ном **уншвал** ухаан **нэмнэ**.
3. Аавдаа **эрхэлбэл** адайр **болно**.
4. Ээждээ **эрхэлбэл** хэлгий **болно**.
5. Хичээлээ **хийвэл** эрдэмтэй **болно**.
6. Гадуур **тэнэвэл** тэнүүлч **болно**.

Дасгал 5

1. Цаг хэд болж байна вэ?
   - **Цаг 12 болж байна.**
2. Чи хаана сурдаг вэ?
   - **Би Солонгосын Гадаад Хэлний Их Сургуульд сурдаг**.
3. Танай гэр хол байдаг уу?
   - **Манай гэр нэлээд хол байдаг**.
4. Чи өглөө хэдэн цагт босдог вэ?
   - **Би өглөө 6 цагт босдог**.
5. Чи өнөө өглөө хэдэн цагт боссон бэ?
   - **Би өнөө өглөө 6 цаг 15 минутад боссон**.
6. Чи ямар хотод амьдардаг вэ?
   - **Би Сөүл хотод амьдардаг**.

Дасгал 6

1. **сургуулиа** төгсөх - **Би энэ жил их сургуулиа төгсөнө.**
2. **зураг** зурах - **Би зураг зурах их дуртай**.
3. **талх** идэх - **Манай өвөө талх идэх дуртай**.
4. **захиа** бичих - **Би найздаа захиа бичиж байна**.
5. **хөдөө** явах - **Одоо тэд хөдөө явж байгаа байх**.
6. **оньсого** таах - **Оньсого тааж оюун ухаанаа шалгаарай**.

Есдүгээр хичээл

Дасгал 1

1. Хүүхдүүд ээ, ширээн дээр номоо **гарга**.
2. Үйлчлэгчид нэмэлт цалин **олго**.
3. Энэ савыг усаар **дүүргэ**.
4. Тэр нохойд сайн хоол өгч **цатга**.
5. Түүний визийг **сунга**.
6. Одоо маргаашийн хуралд **бэлтгэ**.

Дасгал 2

1. нэгтгэх - **Болд Дулмаа хоёр дэр нэгтгэхээр болсон**.
2. бататгах - **Гэрээгээ дахин бататгах шаардлага гарлаа**.
3. гашилгах - **Энэ сүүг гашилгах гэж наранд тавьсан юм**.
4. сунгах - **Энэ байшинг цааш нь сунгаж барихаар боллоо**.
5. болгох - **Махыг сайн болгож идэх хэрэгтэй**.
6. өсгөх - **Хүүхэд өсгөх амаргүй ажлын нэг**.

Дасгал 3

1. Би найздаа захиа **хүргэх** / хүргэлцэх хэрэгтэй байна.
2. Түүнээс халах / **халгах** нэг л шалтгаан байна даа.
3. Байрныхаа жоомыг түргэн **устгуулах** / устгалцах хэрэгтэй.
4. Та завиар заавал гол **гаргуулах** / гаруулах хэрэгтэй.
5. Шинэ гутал хөл **өвтгөөд** / өвдүүлээд байна.
6. Түүнд шинэ хувцас олоод / **олгуулах** хэрэгтэй байх.

Дасгал 4

1. сурах - **сургах** - **Түүнийг сайн сургах ёстой**.
2. дүүрэх - **дүүргэх** - **Толгойгоо номоор дүүргэх хэрэгтэй**.
3. хөрөх - **хөргөх** - **Халуун юмыг хөргөх хэрэгтэй**.
4. гаргах - **гаргах** - **Гэрт байгаа юмаа гаргах хэрэгтэй байна**.
5. өвдөх - **өвтгөх** - **Тэр тариа тарихдаа их өвтгөх юм билээ**.
6. бэлдэх - **бэлтгэх** - **Шалгалтандаа сайн бэлтгэх ёстой**.

Дасгал 5

1. Сайн багш сайн **сургадаг**.
2. Жаахан хүүхдийг **өлсгөж** болохгүй.
3. Гал дээр ус **буцалгах** хэрэгтэй байна.
4. Толгойгоо хүйтэн усаар **норгох** нь сайн биш.
5. Нохой тэжээхдээ эхлээд сайн **дасгах** хэрэгтэй.
6. Энэ усыг тийшээ **урсгах** хэрэгтэй.

Дасгал 6

1. Түүнээр захиа **авчиргах** хэрэгтэй.
2. Оёдолчноор цамц **оёгох** шаардлагатай байна.
3. Би маргааш гадаад руу **явгахаар** төлөвлөж байна.
4. Түүнийг **иргэхээр** энэ захиаг өгөөрэй.
5. Батыг **буцагахаар** би өөрөө хүрээд ирнэ ээ.
6. Багшид шинэ номоо **өггөх** гэж ирлээ.

Аравдугаар хичээл

Дасгал 1

1. Би маргааш түүнийг чам руу яв**уул**ъя.
2. Чи түүнийг очихоор надад захиа яв**уул**аарай.
3. Түүгээр хичээлээ хийлг**үүл**.
4. Аавaар би дугуй авах**уул**сан.
5. Ээжээр сайхан хоол хийлг**үүл**ж байна.
6. Өвөөгөөр үлгэр яр**иул**ж байна.

Дасгал 2

1. Чи түүгээр юу хийлгэж байна вэ?

   - **Би түүгээр тоогоо бодуулж байна**.
2. Засварчнаар юу хийлгээ вэ?

   - **Засварчнаар цонхоо засуулаад аа**.
3. Бат Болдоор юу хийлгүүлсэн бэ?

   - **Бат Болдоор тоогоо бодуулсан**.
4. Багш чамаар юу хийлгэв?

   - **Багш надаар хүүхдүүдийн дэвтрийг засууллаа**.

5. Чи эмээгээрээ оймс нэхүүлээ юу?

- **Тийм ээ. Би эмээгээрээ оймс нэхүүлсэн юм.**

6. Дарга хэнийг дуудуулсан бэ?

- **Дарга чамайг л дуудуулсан байна шүү дээ.**

Дасгал 3

1. арчуул	**Багш оюутнаар самбар арчуулав.**
2. зүлгүүл	**Ангийн шалыг сайн зүлгүүлж угаалгаарай.**
3. шалгуул	**Багшаар даалгавраа одоо шалгуулчих.**
4. цохуул	**Энэ өргөдлийг захирлаар цохуулаад ир.**
5. оёул	**Оёдолчноор сайн цамц оёулж өмсөх хэрэгтэй.**
6. ирүүл	**Түүнийг яаралтай нааш нь ирүүл.**

Дасгал 4

1. Чамд энэ хүнээр тусгай захиа **явууллаа** / явуулгах.
2. Ээжээр шинэ хувцас **оёуллаа** / оёууллаа.
3. Захирлаар маргааш илтгэл **тавиулах** / тавууллах боллоо.
4. Өвөө надаар үлгэр ярууллаа / **яриуллаа**.
5. Багш түүгээр тоо **бодууллаа** / бодүүллаа.
6. Түүнд энэ захиаг **харууллаа** / бодууллаа шүү.

Дасгал 5

1. засах - **засуул**	- **Чи одоо явж үсээ засуулаад ир.**
2. шалгах - **шалгуул**	- **Наад зүйлээ цагдаагаар шалгуулах хэрэгтэй.**
3. үглэх - **үглүүл**	- **Хүнийг ингэж үглүүлэх нь муу шүү дээ.**
4. унтах - **унтуул**	- **Хүүхдээ хурдан унтуулах хэрэгтэй байна.**
5. бичих - **бичүүл**	- **Түүнд захиа бичүүлэх ёстой.**

6. бэлдэх - бэлдүүл - Маргаашийн хуралд сайн бэлдүүлээрэй.

Дасгал 6

1. Болд номоо уншаагүй. - Болд номоо уншуулаагүй.
2. Дэлгэр ногоогоо зараагүй. - Дэлгэр ногоогоо заруулаагүй.
3. Баяр өргөдлөө цохоогүй. - Баяр өргөдлөө цохуулаагүй.
4. Дарга намайг загнаагүй. - Дарга намайг загнуулаагүй.
5. Дорж байраа түрээслээгүй. - Дорж байраа түрээслүүлээгүй.
6. Баатар үсээ засаагүй. - Баатар үсээ засуулаагүй.

Арван нэгдүгээр хичээл

Дасгал 1

1. Хүүхдүүдээр хичээл хийлгэв.
2. Тэднээр ус зөөлгөв.
3. Энд самбарууд зоолгов.
4. Тэднийг энд суулгав.
5. Баярт архи уулгав.
6. Жаалууд золбин нохойд хөөлгөв.

Дасгал 2

1. Чи найзаараа юу хийлгэсэн бэ?
   - **Би найзаараа хичээл заалгасан.**
2. Биеийн тамирын хичээл дээр юу хийлгэсэн бэ?
   - **Биеийн тамирын хичээл дээр гүйлгэсэн.**
3. Ээж эгчээр өдөр зэлэн дээр юу хийлгэсэн бэ?
   - **Ээж эгчээр өдөр үнээ саалгасан.**

4. Доржийнхxэнийхийг буулгасан бэ?

- **Доржийнх Батынхыг буулгасан.**

5. Багш оюутнуудаар юу цээжлүүлсэн бэ?

- **Багш оюутнуудаар шинэ үг тогтоолгосон.**

6. Юм угаах газар чамаар юу хийлгэхээр болсон бэ?

- **Юм угаах газар надаар хувцас угаалгахаар болсон.**

Дасгал 3

1. гүйлгэ	**Өндөр настай хүмүүсийг гүйлгэх хэрэггүй.**
2. зөөлгө	**Жаахан хүүхдүүдээр их ус зөөлгөх шаардлагагүй.**
3. суулга	**Идэр насны залуусыг ингэж суулгаж болохгүй.**
4. тогтоолго	**Хэл сурч байгаа хүнээр шинэ үг сайн тогтоолго.**
5. угаалга	**Завтай үед нь тэднээр юмыг нь сайн угаалга.**
6. тэнийлгэ	**Зүгээр байдаг хүмүүсийн хөл гарыг тэнийлгэ.**

Дасгал 4

1. Оюутнуудаар хичээл сайн **хийлгэх** / давтуулах хэрэгтэй.
2. Цэргүүдээр хүнд чулуу өргүүлэх / **зөөлгөх** хэрэггүй.
3. Шүүхээр түүний үнэн мөнийг **тогтоолгох** / шалгуулах хэрэгтэй.
4. Өвөө биднээр таавар **таалгах** / хэлүүлэх дуртай.
5. Чи хүнийг зүгээр **байлгах** / суулгах тун дургүй юм аа.
6. Тэдний гарыг мялаах / **цайлгах** хэрэгтэй.

Дасгал 5

1. цухуй - **цухуйлга** - **Чи хаая гэрээсээ толгойгоо цухуйлгаж бай!**
2. хөө - **хөөлгө** - **Чи ингэж чулуу хөөлгөх хэрэг байгаа юм уу!**
3. өндий - **өндийлгө** - **Наад хүнийхээ толгойг хаая өндийлгөж бай!**
4. суу - **суулга** - **Ангийнхаа хүүхдүүдийг томоотой суулгаж бай!**
5. долоо - **долоолго** - **Нохойдоо хаая хүйтэн юм долоолгож бай!**
6. хотой - **хотойлго** - **Тэр нуруугаа хотойлгож яаж чаддаг байна аа?**

Дасгал 6

1. Бэр маань үүнийг асуусан. - **Бэр маань үүнийг асуулгасан.**
2. Нацаг маань ажил хийсэн. - **Нагац маань ажил хийлгэсэн.**
3. Авга маань энд суусан. - **Авга маань энд суулгасан.**
4. Хадам маань ус зөөсөн. - **Хадам маань ус зөөлгөсөн.**
5. Худ маань морь сойсон. - **Худ маань морь сойлгосон.**
6. Хүргэн маань айраг уусан. - **Хүргэн маань айраг уулгасан.**

Арван хоёрдугаар хичээл

Дасгал 1

1. Түүний уурыг ас**аа**х хэрэггүй шүү!
2. Салхитайд юм шат**аа**х аюултай шүү!
3. Тэдний урмыг сайн сэрг**ээ**ж өгөх хэрэгтэй.
4. Болд угаасан юмаа хат**аа**ж байна.
5. Энэ машиныг зогс**оо**х хэрэг байна.
6. Түүнийг ингэж арьс махтай нь хат**аа**х хэрэг байна уу даа!

Дасгал 2

1. Осол гарсан тул машиныг хурдан **зогсоо**.
2. Машинаа хурдан **асаа**.
3. Хүүхдүүдээ өглөө эрт **сэрээж** байгаарай.
4. Түүнийг ирэхээр маш хурдан **буцаа**.
5. Энэ тарган хүмүүсийг хурдан **тураавал** сайн байна.
6. Харанхуй болж байна. Гэрлээ **асаа**.

Дасгал 3

1. унтрах - **унтраах** **Гал унтраах төдий арга хэмжээ аваад хэрэггүй шүү!**
2. халах - **халаах** **Гэрээ сайн халаах нь эрүүл мэндэд хэрэгтэй.**
3. зовох - **зовоох** **Хажууд байгаа хүнээ зовоовол өөрөө зовж мэднэ.**
4. сэрэх - **сэрээх** **Хүүхдийг өглөө эрт сэрээж байх нь сайн.**
5. түгэх - **түгээх** **Энэ захиаг олон хүнд түгээвэл сайн байна.**
6. хөлдөх - **хөлдөөх** **Энэ махыг хөргөгчид хийж хөлдөө.**

Дасгал 4

1. Би цаас шатаасан. - **Би цаасыг шатаалгасан.**
2. Цагдаа цуглааныг тараав. - **Цагдаа цуглааныг тараалгав.**
3. Дайсны онгоцыг сөнөөв. - **Дайсны онгоцыг сөнөөлгөв.**
4. Би цамцаа хатаасан. - **Би цамцаа хатаалгасан.**
5. Өвөөг би сэрээсэн. - **Өвөөг би сэрээлгэсэн.**
6. Шөнө галаа асаасан. - **Шөнө галаа асаалгасан.**

Дасгал 5

1. буцах - **буцаах** - **Өргөдлийг түүнд буцааж өгөх хэрэггүй байх.**
2. үргэх - **үргээх** - **Болжморуудыг үргээх хэрэггүй.**
3. унтрах - **унтраах** - **Шөнө унтахдаа гэрлээ унтраах хэрэгтэй.**
4. ширгэх - **ширгээх** - **Усыг ширгээж уувал сайн гэсэн.**
5. өнгөрөх - **өнгөрөөх** - **Үүнийг дуугүй өнгөрөөх хэрэгтэй байх шүү!**
6. гутах - **гутаах** - **Хүний нэр хүндийг ингэж гутааж болохгүй!**

Дасгал 6

1. халаах - **халаалгах** - **Гэрээ сайн халаалгаж байгаарай.**
2. хураах - **хураалгах** - **Цагдаад бичиг баримтаа хураалгаад ирсэн.**
3. сэрээх - **сэрээлгэх** - **Маргааш өглөө эрт сэрээлгэх хэрэг байна.**
4. унтраах - **унтраалгах** - **Галыг хурдан унтраалгах хэрэгтэй байна.**
5. хатаах - **хатаалгах** - **Дүү ээжээр нойтон хувцасаа хатаалгаж байна.**
6. гутах - **гутаалгах** - **Нэрээ битгий гутаалгаж байгаарай!**

Арван гуравдугаар хичээл

Дасгал 1

1. Одоо л миний нүд нээ**гд**эж байх шиг байна.
2. Нас ахиад нутаг орон бодо**гд**оод байх болжээ.
3. Түүнээс олон сайн чанар ажигла**гд**аж байна.
4. Зарим хүн муу хэлэ**гд**эж суухдаа огт тоодоггүй.
5. Энэ өргөө шинээр бари**гд**аж байгаа юм байна.
6. Энэ сургууль эрт дээр үед байгуула**гд**сан.

Дасгал 2

1. Энэ өндөр юу вэ?

   - **Энэ шинээр баригдаж байгаа шинэ байр**.

2. Чи яагаад уруу царайлаад байна аа?

   - **Аав минь бодогдоод байгаа учир уруу царайтай харагдсан юм болов уу даа**.

3. Хулгана мууранд яадаг вэ?

   - **Хулгана мууранд баригддаг.**

4. Энэ зооринд юу агуулагдаж байгаа вэ?

   - **Энэ зооринд хүнсний ногоо агуулагдаж байгаа**.

5. Чамд юу харагдаж байна вэ?

   - **Надад хүмүүс харагдаж байна**.

6. Тэр хүн яагаад муу хэлэгдсэн бэ?

   - **Тэр хүн муу зүйл хийсэн учир муу хэлэгдсэн**.

Дасгал 3

1. хаях - **хаягдах** - **Тэр гүйлтийн тэмцээнд хол хаягдсан**.
2. урах - **урагдах** - **Энэ цамц хуучирч урагдсан байна**.
3. хэвлэх - **хэвлэгдэх** - **Багшийн шинэ ном хэвлэгдсэн**.
4. солих - **солигдох** - **Тэр бид хоёрын дэвтэр солигдсон байна**.
5. мартах - **мартагдах** - **Чи надад ер мартагдахгүй юм аа**.
6. өөрчлөх - **өөрчлөгдөх** - **Манай улс сүүлийн үед их өөрчлөгдөж байна**.

Дасгал 4

1. Надад солонгос үндэсний хоол их **бодогдож** / бодож байна.
2. Танай сургууль хэдэн онд байгуулсан / **байгуулагдсан** бэ?
3. Тэр сонин амьтан олон хүнд **үзэгдсэн** / үзүүлсэн байна.
4. Танд нутаг тань сануулж / **санагдаж** байна уу?
5. Энэ ангид ямар сургалт хийдэг / **явагддаг** вэ?
6. Монголчуудын үндэсний баяр өргөн тэмдэглэдэг / **тэмдэглэгддэг**.
7. Олон зуун жилийн өмнөх тэр үйл явдал түүхэнд тэмдэглэн / тэмдэглэгдэн үлджээ.

Дасгал 5

Үг, ая Д. Жаргалсайхан

Харийн нутаг давчдаад байна
*Элстэй толгод минь **зүүдлэгдээд** байна*
*Ээжий минь торойн **харагдаад** байна*
*Эвэршсэн алга нь **бодогдоод** байна*
*Энгэрийнх нь үнэр **санагдаад** байна*

Дасгал 6

1. Энэ сандлыг засах болов уу? - **Энэ сандал засагдах болов уу?**
2. Энэ цонхыг нээх болов уу? - **Энэ цонх нээгдэх болов уу?**
3. Тэр өнөөдөр асуух болов уу? - **Тэр өнөөдөр асуугдах болов уу?**
4. Тэр машиныг зарах болов уу? - **Тэр машин зарагдах болов уу?**
5. Энэ өргөсийг авах болов уу? - **Энэ өргөс авагдах болов уу?**
6. Тэр биднийг санах болов уу? - **Тэр бидэнд санагдах болов уу?**

Арван дөрөвдүгээр хичээл

Дасгал 1

1. Манай ангийн хөвгүүд барилдаж байна.
2. Манай ангийн охид уралдаж байна.
3. Манай сургуулийн багш нар инээлдэж байна.
4. Танай ангийн хүүхдүүд хашгиралдаж байна.
5. Хоёр сургуулийн оюутнууд өрсөлдөж байна.
6. Танай үйлдвэрийн дарга нар маргалдаж байна.

Дасгал 2

1. Та нар **ноцолдож** болохгүй шүү. Хажуу айлын хүмүүс уурлана.
2. Тэр хоёр **дайралдахаараа** хоорондоо муудалцах гээд байдаг.
3. Өнөөдөр бөхийн өргөөнд оюутнууд **барилдах** болсон.
4. Би монгол хэл сурахаар **оролдож** байна.
5. Гудамжинд хэдэн нохой яс **булаалдаж**байна.
6. Эгч дүүс **тэврэлдэн** уулзаж байна.

Дасгал 3

1. инээх - **инээлдэх**	**Энд хүүхнүүд инээлдэж байна.**
2. хөхрөх - **хөхрөлдөх**	**Тэр охид хөхрөлдөж байна.**
3. булаах - **булаалдах**	**Тэнд эрчүүд бөмбөг булаалдаж байна.**
4. ноцох - **ноцолдох**	**Энэ жаалууд ноцолдож байна.**
5. зодох - **зодолдох**	**Тэр хөвгүүд зодолдож байна.**
6. гүйх - **гүйлдэх**	**Энэ оюутнууд гүйлдэж байна.**

Дасгал 4

1. Бага ангийн хүүхдүүд **шуугилдаад** / үймүүлээд байна.
2. Тэднийг ингэж уурлуулах / **сөргөлдүүлэх** хэрэггүй.
3. Цэргүүд гардан **тулалдах** / байлдах урлагт сайн сурсан.
4. Монгол эрчүүд барилцах / **барилдах** дуртай.
5. Гэдэс нь нуруундаа **наалдсан** / нугдайсан амьтан явна.
6. Байнга эрүү толгой **зодолдуулах** / нийлүүлэх хэрэг байна уу даа!

Дасгал 5

1. наалдах	- Чиний цүнхэн дээр юу **наалдсан** байна вэ?
2. нүүрэлдэх	- Чи тэднийг **нүүрэлдүүлж** үзсэн үү?
3. тэврэлдэх	- Чи яагаад түүнтэй **тэврэлдээд** байсан бэ?
4. тулалдах	- Чи хутган жадаар **тулалдаж** үзсэн үү?
5. хашгиралдах	- Та нар яагаад **хашгиралдаад** байна вэ?
6. дууладах	- Тэд яагаад **дууладаад** байна вэ?

Дасгал 6

1. Чи бага байхдаа зодолдож байсан уу?

   - **Би бага байхдаа зодолдож байсан**.
2. Чи хэн нэгэнтэй маргалдаж байсан уу?

   - **Би хэн нэгэнтэй маргалдаж байсан**.
3. Чи хэн нэгэнтэй уралдаж байсан уу?

   - **Би хэн нэгэнтэй уралдаж байсан**.
4. Чи хэн нэгэнтэй барилдаж үзсэн үү?

   - **Би хэн нэгэнтэй барилдаж үзээгүй**.
5. Танайхан гэртээ инээлддэг үү?

   - **Манайхан гэртээ инээлддэг**.
6. Чи хичээл дээр үймүүлдэг үү?

   - **Би хичээл дээр үймүүлдэггүй**.

Арван тавдугаар хичээл

Дасгал 1

1. Энэ дарга нар ширүүхэн үзэ**лц**эж байна даа.
2. Тэд бүр бари**лц**аж авах дээрээ тулаад байна.
3. Би түүнтэй тэр ажлыг хий**лц**ээд ирлээ.
4. Сайн найзуудыг санаатай мууда**лц**уулж болохгүй.
5. Энэ хэрүүл нэгийгээ үзэж, нэхий дээлээ тайла**лц**ах гэдэг шиг л юм боллоо.
6. Та нар ингэж гэдсэндээ хөлөө хий**лц**эх хэрэггүй шүү!

Дасгал 2

1. Би өнөөдөр тэдэнтэй хамт **байлцах** хэрэгтэй байна.
2. Та нар хоорондоо **муудалцах** хэрэггүй шүү!
3. Наад асуудлыг чинь энэ хурал дээр сайн **ярилцах** болно.
4. Захирлууд бие бие рүүгээ хатуу үг **шидэлцээд** их л ширүүн байна.
5. Манай ангийн Болд Сарнай хоёр **хөтлөлцөөд** сүрхий явна.
6. Тагнуулч болох тухайд нэлээд **бодолцож** үзэх хэрэгтэй байна.

Дасгал 3

1. угаах - **угаалцах** — **Би дүүгийн хувцасыг угаалцаж байна.**
2. авчрах - **авчралцах** — **Багштай хэвлэлээс ном авчралцлаа.**
3. ярих - **ярилцах** — **Тэд их удаан ярилцаж байна.**
4. сурах - **суралцах** — **Бид бие биенээсээ суралцдаг.**
5. орох - **оролцох** — **Хуралдаа оролцоод хурдан ирээрэй.**
6. таних - **танилцах** — **Оюун хүнтэй танилцах дуртай.**

Дасгал 4

1. Бид **танилцаад** / мэдэлцээд удаагүй байна.
2. Тэдний гэрийг хамт **цэвэрлэлцсэн** / цэвэрлээд учир тэр их баярласан.
3. Эгч миний юмнуудыг надтай хамт **угаалцаад** / угааж явлаа.
4. Ах бид хоёр бага байхдаа байнга муудаж / **муудалцдаг** байсан.
5. Энэ асуудлыг сайн хэлэх / **хэлэлцэх** шаардлагатай юм байна.
6. Хос залуус **хөтлөлцөөд** / хөтлөөд явж байна.

Дасгал 5

1. машин зас - **Би найзтайгаа машиныг нь засалцаад ирлээ.**
2. гэр барь - **Балдан гуайн гэрийг барилцаад ирлээ**.
3. ширээ өргө - **Багштай ширээг нь өргөлцөөд ирлээ**.
4. ачаа буулга - **Жолооч ахтай ачааг нь буулгалцаад ирлээ**.
5. ярь - **Би түүнтэй өчигдөр сайн ярилцсан**.
6. хүргэ - **Эмээгийн юмыг хүргэлцээд ирлээ**.

Дасгал 6

1. Чи ахтайгаа муудалцдаг уу?
   - **Би ахтайгаа муудалцдаггүй**.
2. Чи энэ асуудлыг түүнтэй ярилцсан уу?
   - **Би энэ асуудлыг түүнтэй ярилцсан**.
3. Та хоёр хөтлөлцөөд явдаг уу?
   - **Бид хоёр хөтлөлцөж явдаггүй**.
4. Та хоёр танилцаад удаж байна уу?
   - **Бид хоёр танилцаад удаж байна**.
5. Юунаас болоод үзэлцээд байна вэ?
   - **Энэ намайг доромжилсоноос болоод үзэлцсэн юм**.
6. Та нар зан зангаа мэдэлцсэн үү?
   - **Бид зан зангаа мэдэлцсэн**.

Хавсралт 2

Монгол-Солонгос үг хэллэг.

А

авга 친가, 부계

авирах 올라가다

автах 빠지다

Агаа /ах хүнийг авгайлж дуудах үг/ 형님

ад/шоо/ 홀대

адайр 억센 성격

адуу 말의 무리

аймгийн төв 도청

албан тушаал 직책

алга 손바닥

амгалан 평안한

амны уншлага 입버릇처럼 말하다

амт чанар 맛의 질

анзаарагдах 눈에 띄다

ануухан 정정하다

анчин 사냥꾼

аргадах 타이르다

арилгах 지우다

арслан 사자

арчих 닦다

ахмад 어른, 노인

ач буян 은덕

ач холбогдол 의의

ачих 싣다

аюултай 위험하다

Б

баахан 많은 양의

бадрах 번영하다

байгуулагдах 설립되다

байлдах 전투하다

баллуур 지우개

баригдах 잡히다

барилдах 씨름하다

бахархах 자랑하다

баярлуулах 기쁘게 하다

болгох 익히다

боловсрол 교육

боломж 기회

болц 과정, 되는 정도

босгох 일으키다

буга 사슴

будаа 곡류

булаалдах 앞다투다, 싸우다

бутархай тоо 분수

буулгах 내리다

буурал 백발, 회색

буурах 저하

буцаах 되돌리다

буцлах 끓이다

бүрмөсөн 완전히

бэлтгэл 훈련

бэлчээх 방목하다

бээлий 장갑

Г

гавшгай 민첩, 신속

гай /зовлон/ 재앙

галуу 거위

ган 가뭄

ганцаардах 외롭다, 고독하다

гашлах 상하다, 삭다

гашуун 쓰다

грамм 그램

гууль 나쁜 짓(속셈), 놋쇠

гутаах 멸시, 무시

гүвээ 언덕

гүйцэтгэх 수행하다

гэдсэндээ хөлөө хийлцэх

/таарамжгүй болох/ 어울리지 않는

гэдэс 배, 장

гэр орон 집, 거처

Д

даалгах 맡기다

давчуу 좁다

дагалдах 따라가다

дагах 따르다

дажгүй 무난한, 좋은

дайсагнах 적대시하다

даллах 흔들다

дамжуулах 전달하다

дариу 당장, 즉시
дахих тоо 반복수사(번, 번째)
долоох/үйл үг/ 핥다
дотно 친하다, 친근한
дөвийх 솟아오르다
дөлгөөн 고요한, 잔잔한
дөхүүлэх 가까이 두다, 가까이 오게 하다
дусах (액체가) 떨어지다
дууны ном 음악책
дэглий 왜가리
дэр 배게
дэр нэгтгэх 합방
дэс дугаар 순서
дэс тоо 서수

Е

ерөнхий 총, 일반

Ё

ёс төр 예법

Ж

жаал 꼬마
жижүүр 경비, 당직
жоом 바퀴벌레

З

заал 체육관
зайлшгүй 불가피한
залбирах 기도하다
залгах 연결하다
заль 꾀
зальжин 꾀가 많다
зарах 팔다
зарлал 공고
захирал 사장
зогсоол 주차장, 정류장
золбин 떠돌이
зоох 꽂다
зөн совин 예감
зөөлгөх 이동시키다, 나르다
зөрчих 위반하다
зунгааралдах 걸쭉하다
зургийн дэвтэр 도화지
зуух 난로, (깨) 물다
зүлгэх 문지르다
зэл 말을 묶어 놓는 줄
зэмлэх 꾸중을 하다

И

илэн далангүй 솔직하게
илэрхийлэх 표현하다
ингэх 이렇게 하다, 이렇다

К

килограмм 킬로그램

Л

лууван 당근

М

манан 안개

маргалдах 말다툼하다

модон туулай жил 묘년

мөд 곧, 금방(미래)

мөргөлдөх 맞부딪히다

мөрдөгдөх 준수시키다

муудалцах 사이가 나빠지다

муудах 나빠지다, 상하다

муухай 나쁜, 지저분한

мэдлэг 지식

мэдрэгдэх 느껴지다

мэдэгдэх 알리다

мэргэн 명궁

мялаах 기원하다, 덕담하다

Н

наалдах 붙다

нааш 이쪽으로

нагац 외가/모계

нарны эрт 오전 일찍

нас ахих 나잇살 먹다

нимгэн 얇다

нойтон 젖은

номын санч 사서

норох 젖다

ноцолдох 서로 엉켜 싸우다

нөөц 여분, 비축

нөхцөлдүүлэн холбох
서로 이어주는 연결(어미)

нууц 비밀

нүүх 이사 가다, 이동하다

нэгийгээ үзэж, нэхий дээлээ
тайлах
/муудалцаж зодолдох/ 싸우다

нэхий 털 달린 가죽

нялуун 달콤한

нямбай 꼼꼼하다

О

овжин 꾀가 많은, 재치 있는

оёдол 봉제

олс 밧줄

оньсого 수수께끼

орилолдох 왁자지껄하다

орон байр 숙소, 거처

орчим, хавьцаа, гаруй 여, 쯤, 내외

орчлон 세상

Ө

өгүүлбэртэй бодлого 서술형 수학 문제

өгүүлэгч 화자

өдий 이 정도

өдөөх 유도하다

өмхий 악취, 냄새나는

өнгийх 굽어보다

өнгө зүс 색상, 생김새

өнгөрөөх 지내다

өндөр нас 고령

өөрийн 스스로의, 자신의

өөрсдөө 스스로들
өр 빚
өргөдөл 탄원서, 청원서, 지원서
өрөвгөр 비쭉한
өртөх 당하다
өтгөн 진한, 빽빽한
өчнөөн 수많은

П

пийшин 난로

С

саваагүйтэх 어리광 피우다, 말썽 피우다
салах 헤어지다
санагдах 생각이 나다
санамсар 의도, 생각
санамсаргүй 우연히
сарууl 밝다, 넓다
согоо 암사슴
сойх 조련하다
сөнөөх 파멸시키다, 없애다
сөргөлдөх 말대답하다
султгах 비우다
сумын төв 솜의중심가
сунгах 연장하다
сүйд 큰일
сүртэй 웅장하다
сэлгэх 교체하다, 바꾸다
сэнс 선풍기
сэрвээ 지느러미
сэргийлэх/цагдаа/ 순찰
сэрүүлэг 알람
сэрүүн 선선한, 시원한
сэтгэлийн тэнхээ 굳은 심지
сээр 등허리

Т

таавар 수수께끼, 뜻풀이
тааралдах 마주치다
тааруу 변변치 못한
тав тух 편안하다
тав тухтай 편안한
тамирчин 선수
тарвага 타르바간(다람쥐과 설취류)
татлага 끈, 줄
тогтмол 자주, 정기적으로
тодотгон холбох
뜻을 분명하게 해주는 연결(어미)
тойм тоо 개수
тойрог 동그란
тойрох 돌다
толгод 언덕들
толь бичиг 사전
торгох 벌금을 물리다
торойх 멀리 동떨어져 보이다
тохиолдох 발생하다, 생기다
төгсгөл 종료, 말
тулалдах 맞서 싸우다
тусархуу 잘 돌봐주는, 친절한
тусламж 도움

түгээл тоо 배분수(몇 개씩)

түгээх 배급

түлээ 땔감

түрээслэх 임대하다

түүх/үйл үг/ 따다, 모으다

тэврэлдэх 서로 껴안다

тэгэх 그렇게 하다, 그렇다

тэнийх 펴지다

тэнэг 바보, 멍청이

тэсвэрлэх 인내하다

тээвэр 운송

У

удирдах 지휘하다

урагдах 찢어지다

уран 손재주가 좋은

уран зохиол 문학

ургах 자라다

уржигдар 그제

урд шөнө 지난밤

услах 물을 주다

ууган 맏이

уур 화, 노여움

уур хүрэх 화가 나다

ухаарал 깨달음

уяа/морины/ 줄

уяач 조련사

Ү

үглэх 잔소리하다

үдийн хоол 점심식사

үзэгдэл 현상

үйл үгийн хэв 동사 형태

үйлдүүлэх 동작하게 하다, 행하게 하다

үйлдэх 동작하다, 행하다

үймэх 북적대다

үлгэр 동화, 모범

үндсэн тоо 양수

үнэг 여우

үргэлж 늘, 항상

үргэх 놀라 도망가다

үрэх/мөнгө/ 낭비하다

үүрд 영원히

үүрэг 의무

үхэх 죽다

Х

хавтас 표지

хавтгай 넙적판

хавь ойр 주변

хадагдах 박히다

хадам 사돈

халгах 내키지 않다

халдах 공격하다, 위해를 가하다

хальтиргаа 미끄러움

хам тоо 인수사(몇 명이서, 함께)

хандах 취급하다

хандлага 경향

хар бага 아주 어릴 적

харваач 활 쏘는 사람, 궁수

харвах 쏘다

харьцуулах 비교하다

хатаах 말리다

хатуу үг 싫은소리, 쓴말

хатуужих 강해지다, 단단해지다

хашгиралдах 함성

хог 쓰레기

хойтон 내년

хойшлох 미뤄지다, 늦어지다

холбогдох 연결하다

холбох үг 접속사

холгох 까지다

хоригдох 갇히다

хотойх 둥글게 말리다

хошин 코믹

хошой 2관왕의, 두 번째의

хошоод 둘씩

хөвөө 가장자리, 가

хөгжөөх 즐겁게 하다

хөдлөх 움직이다

хөдөлгөөн 움직임, 동작

хөлдөөх 얼리다

хөөрөх 뜨다

хөөх 와우!(감탄사)

хөрөх 식다

хөтлөлцөх 손을 맞잡다

хөхөө 뻐꾸기

хөхөх 빨다

хувилах 복사하다

худ 사돈

хулигаан 훌리건, 불량배

хумих 모으다

хуурамч 가짜, 위조

хууртах 속다

хуучлах 회포를 풀다, 옛 이야기를 주고받다

хучих 덮다

хүргэн 사위

хүргэх 배달하다

хүчит 힘이 좋은

хэлбэр дүрс 형태, 형상

хэлбэржих 형태를 갖추다

хэлгий 혀가 짧은

хэлц үг 관용어구

хэрүүл 말싸움

хэрхэх 어떻게 하다

хэрэг төвөг 사건, 사고

хэрэглэгдэх 쓰이다

хэрэглээ 소비, 사용

хэсэх 돌아다니다

хэтрэх 지나치다

Ц

цааш 저쪽으로

цагдан сэргийлэх 순찰

цайлгах 하얗게하다

цалин хөлс 월급, 급여

цогцолбор 단지

цохилдуулах 치고받다

цохох 결재하다

цөм/бүгд/нийт 모두/다/총

цөөн 소수, 적은 양

цухуйх 약간 나오다, 드러나다

цэцэн 총명, 현명

Ч

чимэх үг 수식어

чихэрлэг 단, 달콤한

Ш

шааригдах (자동차) 시동을 끈 채 바퀴 힘으로 서서히 미끄러져 내려가다

шавь 제자

шагнал 상

шал 바닥

шалгах 확인하다

шалз 푹

шалз түлэх 심하게 화상을 입다

шар/үхэр/ 황소

шар нар, бор хоног/өдөр, шөнө/ 하루하루를 겨우 지내다

шидтэн 마술사

шидэлцэх 서로 던지다

шинж чанар 성질

шинжлэх ухаан 과학

ширгэх 마르다

ширүүн 심하게, 세게

шорвог 짜다

шуугилдах 술렁대다

шүүх 거르다, 법원

шүхэр 우산

Э

эв найрамдал 평화, 화합

эвлэрэх 화해하다

эвэрших 굳은살이 박이다

Эгээ/эгч хүнийг авгайлж дуудах үг/ 누님

элс 모래

элэг 간

элэг хөшөөх 배꼽 빠지게 웃기다

эргүүлэх 돌리다

эрт 일찍

эрүү 턱

эрх тэгш 평등하게

эрхлэх 칭얼거리다, 보채다

эрчимжих 활성화되다

Я

ялгаа 차이

ялгах 구분하다, 분류하다

яс 뼈

МОНГОЛ ХЭЛ 2

몽골어2

초판 인쇄 2014년 8월 29일
초판 발행 2014년 9월 5일

지 은 이 OTGONTSETSEG DAMDINSUREN
발 행 인 김 인 철
발 행 처 한국외국어대학교 출판부
130-791 서울특별시 동대문구 이문로 107
전화 02)2173-2495~7
팩스 02)2173-3363
홈페이지 http://press.hufs.ac.kr
전자우편 press@hufs.ac.kr
출판등록 제6-6호(1969. 4. 30)
디자인·편집 디자인 퍼브 02)2254-4308
인쇄·제본 현문자현 031)902-1424

ISBN 978-89-7464-937-1 13730 정가 18,000원